교과서 인물로 배우는 우리 역사

LIVE
한국사 | 4권

신라의 발전

천재교육

글 김미영

대학에서 국문학을 전공하고, 어린이를 위한 다양한 분야의 교양도서를 쓰고 있습니다. 그동안 지은 책으로 〈이현세의 만화 한국사 바로보기〉, 〈한국사 연대기〉, 〈인물사 연대기〉, 〈달력 속 살아있는 세계사〉, 〈메이플 사이언스〉 등이 있습니다.

그림 유대수

2003년 〈대통령이 된 바보〉로 데뷔했습니다. 〈솔로몬 게임〉, 〈로이월드 스토리〉, 〈서울대 선정 만화 인문고전 50선 – 만화 한비자〉, 〈어린이를 위한 사기열전〉, 〈100가지 세계사 1000가지 상식〉, 〈수학대장〉, 〈Why? 교과서 만화〉 등 많은 아동 학습만화와 삽화를 그렸습니다.

학습·감수 이학운

서울대학교 사범대학 역사교육과를 졸업하였습니다. 현재 안산시 상록구 이호중학교에 근무하고 있습니다.

LIVE 한국사 ④ 신라 〈신라의 발전〉

발행 | 2016년 2월 1일 초판 인쇄 | 2023년 2월 27일 9쇄
발행처 | (주)천재교육
글 | 김미영 그림 | 유대수 학습·감수 | 이학운
표지 그림 | 윤재홍 표지 디자인 | 양x호랭
편집 | 이복선, 안홍식, 박세경, 이미순, 김지영, 김수지
마케팅 | 김철우 제작 | 황성진
사진제공 | 표지 국립중앙박물관, 문화재청
　　　　　본문 국립중앙박물관, 문화재청, 연합뉴스, 유로크레온, 게티이미지(멀티비츠), 국립문화재연구소
신고번호 | 제2001-000018호(1980.5.28)
팩스 | 02-3282-1717 고객만족센터 | 1577-0902
주소 | 08513 서울특별시 금천구 가산로9길 54
홈페이지 | www.chunjae.co.kr

ISBN 979-11-259-1340-5 74910
ISBN 979-11-259-1336-8 74910 (세트)

이 책은 저작권법에 보호받는 저작물이므로 무단복제, 전송은 법으로 금지되어 있습니다.

추천의 글

　우리가 역사 공부를 하는 이유는 우리 사회의 여러 문제를 해결하기 위한 지혜를 얻기 위해서입니다. 한국사는 우리 삶과 문화의 뿌리이기 때문입니다. 지구촌 시대에 이러한 소속감의 중요성은 그 어느 때보다도 강조되고 있습니다. 하지만 이런 소속감은 하루아침에 생기지 않습니다. 조금씩이라도 어릴 때부터 흥미를 가지고 역사 속 이야기들에 귀를 기울이면서 생각해 보는 경험이 필요합니다.
　<LIVE 한국사>는 이런 목적에 맞게 잘 만들어진 책입니다. 무엇보다 쉽고 재미있으면서도 내용이 충실합니다. 최신의 연구 성과를 반영하고 균형감 있는 관점에 따라 잘 정리해 놓았습니다. 이 책을 읽는 초등학생들이 건전한 민주 시민으로 자라나게 될 것을 기대해 봅니다.

서울대 국사학과 교수
허수

이 책의 특징

1. 인물 중심 역사!

인물과 관련된 사건의 원인과 과정, 결과를 만화 속에 녹여 독자의 이해를 돕습니다.

2. 톡톡 튀는 정보!

만화 사이에 문화재 사진과 학습팁을 삽입, 놓치기 쉬운 학습 정보를 보충합니다.

꼭 읽고 만화를 보도록 해!

톡톡! 역사 — 신라에서 발견된 고구려의 유물은?

신라에서 발견된 고구려의 대표적인 유물로는 호우명 그릇과 적석총 등이 있다. 호우명 그릇은 경상북도 경주의 호우총에서 발견된 것으로, 그릇 밑받침에 새겨진 '을묘년국강상광개토지호태왕호우십'이라는 글귀는 이 그릇이 고구려의 공예품이라는 것을 알 수 있게 해 준다. 또 다른 유물인 적석총은 고구려의 전통적인 무덤 양식인데, 신라 땅이었던 울산 은현리에서 이러한 적석총이 발견되었다는 것은 신라가 고구려의 영향을 받았다는 것을 보여 주는 중요한 역사 자료이다.

▲ 호우명 그릇   ▲ 은현리 적석총

3. 충실한 자료!

만화 속 배경, 복식, 나이 등을 실제 사료를 참고하여 충실히 구현했습니다.

최신 발굴 유적과 유물 사진, 교과서에서 자주 나오는 지도를 담았습니다.

▲ 고구려 집안현 개마무사 모사도 ⓒ 국립중앙박물관   ▲ 만화 속에 반영된 고구려 개마무사

발해 보루와 바리 토기는 2015년에 발굴되었어!

▲ 연해주 발해 보루터 ⓒ 국립문화재연구소   ▲ 연해주 발해 말갈층 바리 토기 ⓒ 국립문화재연구소   ▲ 교과서 속 지도

④ 한눈에 보는 역사!

만화에서 동아시아의 역사를 함께 보여 주고 핵심 노트에서 한국사와 동시대의 세계사를 요약, 정리했습니다.

고구려와 남북조의 관계를 묘사했어!

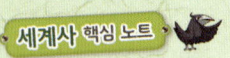
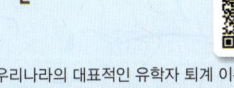

⑤ 드론 & 박물관 생생 역사 체험!

스마트폰으로 QR코드를 찍으면 해당 문화재가 있는 박물관 및 직접 촬영한 드론 동영상 등을 생생하게 체험할 수 있습니다.

안동 도산 서원

우리나라의 대표적인 유학자 퇴계 이황이 성리학을 연구하고 제자들을 가르쳤던 도산 서당이 있던 곳으로, 1574년 그가 세상을 떠난 뒤 제자들이 그의 업적을 기리기 위해 서당 뒤편에 서원을 지었다. 사적 제170호.
• 소재지 : 경북 안동시 도산면 도산서원길 154

▲ 안동 도산 서원 전교당 ⓒ 문화재청

드론 촬영한 생생한 유적지를 만나 보세요!

⑥ 부록 역사 카드!

스마트폰으로 역사 카드 뒷면의 QR코드를 찍어 앱을 다운받으면 3D 증강 현실과 애니메이션으로 역사 속 인물을 만나 볼 수 있습니다.

★ 멀티 영상 감상 방법!

① 스마트폰으로 QR코드를 찍어 〈LIVE 한국사〉 앱을 설치한 후 각 권을 다운받습니다.
② 카드 앞면의 이미지를 앱에 비추고 해당 권의 애니메이션을 선택하여 감상합니다.
③ 카드 한 장은 스페셜 카드로, 증강 현실과 3D 애니메이션을 감상할 수 있습니다.

역사 인물을 3D 동영상으로 감상!

인물에 관련된 애니메이션도 재밌게!

등장인물 소개

누리

> 삼국 통일을 이룬 신라의 힘은 어디서 나오는 걸까?

평소 역사에 관심이 많아 단짝 아라와 함께 경복궁으로 답사를 갔다가 덜렁대는 아라 덕분에 환상적인 역사 여행을 하게 된다.

아라

> 꽃미남 화랑들도 만난다니 정말 기대된다!

용감하고 나서기 좋아하는 여장부이지만 미남 앞에서는 매우 수줍어한다. 급한 성격으로 모든 일에 적극적이다.

보주

> 우리 민족의 역사의식을 담은 결정체, 보물 구슬이야!

한민족의 역사의식을 담고 있는 보물 구슬로, 언제 어디서 생겨났는지는 아무도 모른다. 누리와 아라의 장난 때문에 20조각으로 부서져 과거로 사라졌다.

천마

> 이번 보주 찾기는 나만 믿어!

신라 역사 마스터. 하늘을 날 수 있는 말로 가끔 유치한 장난을 치지만 굉장히 똑똑하다. 누리와 아라에게 신라의 역사를 많이 알려 주고 싶어 한다.

박제상

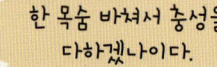

> 한 목숨 바쳐서 충성을 다하겠나이다.

(363~419년)
눌지 마립간 때의 충신. 고구려와 왜에 볼모로 간 복호 왕자와 미사흔 왕자들을 구출하지만, 본인은 고향으로 돌아오지 못하고 죽임을 당한다.

법흥왕

> 불교와 율령으로 신라의 체제를 갖춰라!

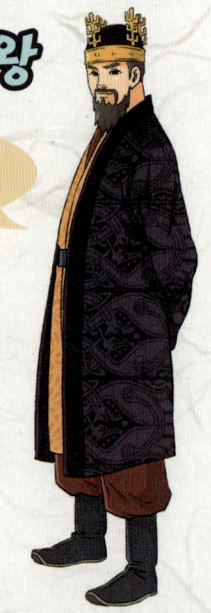

(재위 514~540년)
신라 23대 왕. 율령을 반포하고 불교를 공인하며 신라의 체제를 정비하였다. 또한, 독자적인 연호인 '건원'을 사용하였고 금관가야를 정복하였다.

지증왕

우산국을 정벌하다!

(재위 500~514년)
신라 22대 왕. 국호를 신라로 바꾸고, 마립간 대신에 왕이라는 칭호를 썼다. 순장을 금지하였고, 소를 이용한 농사법(우경법)으로 농업 발전을 이루었다.

진흥왕

전국에 순수비를 세워 신라 땅을 표시하라!

(재위 540~576년)
신라 24대 왕. 신라 최대 전성기를 이끈 왕으로 영토를 확장하면서 전국 각지에 순수비를 세웠다. 불교를 통해 국가를 안정시키고자 황룡사를 창건하고 팔관회를 실시하였다.

선덕여왕

지혜롭게 신라를 다스릴 것이다.

(재위 632~647년)
신라 27대 왕. 성골로 인정받아 신라 최초의 여왕이 되었다. 황룡사 구층 석탑, 분황사, 첨성대 등을 건립하였다. 김춘추와 김유신을 앞세워 신라를 발전시켰다.

김춘추

진골 출신이라서 왕이 되기까지 오래 기다렸지.

(재위 654~661년)
신라 29대 왕. 외교 분야에서 크게 활약했는데, 당과의 외교를 통해 백제를 무너뜨렸다. 한편, 진골 출신 최초의 왕인 태종 무열왕이 되어 삼국 통일의 기반을 닦았다.

김유신

신라의 삼국 통일은 내 손으로!

(595~673년)
신라의 장군. 금관가야의 후손으로 김춘추와 손을 잡고 삼국 통일의 기반을 닦았다. 문무왕 때에도 충성을 다하며 삼국을 통일하는 데 중요한 역할을 하였다.

차례

1장 박제상은 무슨 일로 왜에 갔을까? … 10
　　　　한국사·세계사 핵심 노트 ……… 48

2장 법흥왕은 왜 불교를 받아들였을까? … 52
　　　　한국사·세계사 핵심 노트 ……… 86

**3장 진흥왕은 어떻게
　　　신라의 영토를 넓혔을까?** ………… 90
　　　　한국사·세계사 핵심 노트 ……… 118

**4장 신라 최초의 여왕,
　　　선덕여왕은 어떤 인물일까?** …… 122
　　　　한국사·세계사 핵심 노트 ……… 156

**5장 김유신과 김춘추는 삼국 통일을
　　　위해 무엇을 했을까?** ………… 160
　　　　한국사·세계사 핵심 노트 ……… 180

🔍 교과서로 보는 연표 ………… 9　📢 도전! 역사 퀴즈 ………… 184
📷 QR 박물관 ………… 194　✏️ 정답과 해설 ………… 196

• 만화 하단의 ▶표시는 역사 관련 어휘, ✱표시는 일반 어휘로 구분하였습니다.

교과서로 보는 연표

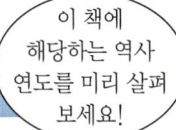

이 책에 해당하는 역사 연도를 미리 살펴보세요!

한국사 | 세계사

한국사	연도	연도	세계사
신라 건국	기원전 57		
내물 마립간 즉위	356	366	둔황 석굴 건설 시작
신라, 전진에 사신 보냄	381	375	게르만족의 대이동 시작
		392	로마, 크리스트교 공인
박제상이 복호와 미사흔을 귀국시킴	418	395	로마, 동·서로 분열
나·제동맹	433	439	중국, 남북조 시대 시작
		476	서로마 제국 멸망
백제 동성왕, 신라와 혼인 동맹	493	486	프랑크 왕국 건국
신라, 나라 이름을 신라로 정함	503		
신라, 우산국 정벌	512		
신라, 율령 반포	520		
신라, 불교 공인	527	529	로마, 유스티니아누스 법전 편찬
		535	북위, 동위와 서위로 양분
신라, 최초로 '건원'이라는 연호 사용	536	537	성 소피아 대성당 건립
신라, 한강 상류 차지	551		
신라, 백제가 차지한 한강 하류 차지	553	589	중국, 수나라 통일
		592	일본, 아스카 시대 시작
고구려 을지문덕, 살수 대첩 승리	612	618	중국, 당나라 건국
		622	일본, 쇼토쿠 태자 사망
		626	당태종 즉위
신라, 선덕여왕 즉위	632		
백제, 신라의 대야성 빼앗음	642		
황룡사 구층 목탑 건립	645	645	일본, 다이카 개신
나·당연합 결성	648	651	사산 왕조 페르시아 멸망
백제 멸망	660	661	이슬람 우마이야 왕조 성립
고구려 멸망	668		
신라, 삼국 통일	676	690	당나라, 측천무후 황제 즉위

나, 법흥왕은 신라의 기틀을 세우느라 쉴 수가 없네.

나, 쇼토쿠 태자는 죽을 때까지 불교를 발전시키고자 노력했지요.

▶ 즉위 : 임금이 될 사람이 식을 치르고 임금의 자리에 오름.

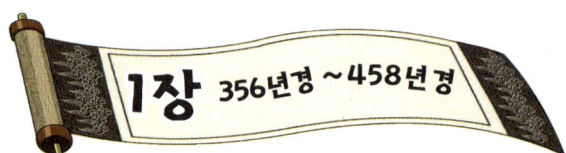

박제상은 무슨 일로 왜에 갔을까?

신라는 첫 번째 왕인 박혁거세를 우두머리 왕이라는 뜻의 '거서간'으로 불렀다. 이후 제사장을 뜻하는 '차차웅', 연장자라는 의미의 '이사금'으로 바뀌었고, 왕권이 강해지자 대군장이라는 뜻을 가진 '마립간'이라고 불렀다. 그리고, 22대 지증왕때부터 '왕'이라고 불렀다.

▶ **금성** : 신라 초기 왕이 살던 성의 이름. 경상북도 경주의 옛 이름이기도 함.
* **즉위식** : 임금 자리에 오르는 것을 백성과 조상에게 알리기 위하여 치르는 의식.

* 마스터 : master. 어떤 기술이나 내용을 배워서 충분히 익히는 사람.
* 꾸물대다 : 게으르고 굼뜨게 행동하다.

▶ 미추 이사금(재위 262~284년) : 신라 13대 왕. 김씨로는 처음으로 신라의 왕위에 오름.
* 볼모 : 약속을 지키도록 상대편에서 잡아 두는 사람이나 물건.

▶ **내물 마립간(재위 356~402년)** : 신라 17대 왕. 4세기 후반 진한에 속한 작은 나라들을 정복하며 왕의 권위를 과시하였고, 마립간의 칭호를 처음 사용함.

* **연회** : 축하, 위로, 환영, 이별 따위를 위해 여러 사람이 모여 베푸는 잔치.
* **춤** : 장단에 맞추거나 흥에 겨워 팔다리와 몸을 율동적으로 움직여 뛰노는 동작.

▶ 미사흔(?~433년) : 내물 마립간의 셋째 아들로 왜에 볼모로 감.
▶ 왜 : 한국과 중국에서 일본을 가리키던 호칭. 일본이라는 국호는 7세기 중반부터 사용됨.

톡톡! 역사
신라와 왜는 왜 다시 사이가 나빠졌을까?

미사흔을 왜로 보내며 맺은 우호 관계는 몇 년 후에 깨졌다. 아마도 **백제와 왜가 군사적인 도움을 주고받았기 때문**으로 보인다. 하지만 왜는 신라가 *일방적으로 외교 관계를 끊은 것에 보복하겠다며 여러 차례 침입해 피해를 입혔다. 또 대마도에 군사를 배치하면서 두 나라의 관계는 더욱 나빠졌다.

* **위협** : 힘으로 으르고 협박함.
* **일방적** : 어느 한쪽으로 치우친.

* 소란 : 시끄럽고 어수선함.
* 피해 : 생명이나 신체, 재산, 명예 따위에 손해를 입음.

▶ 마립간 : 신라 시대 왕의 칭호. 이사금 칭호에 이어 17대 내물왕부터 22대 지증왕 4년에 중국식 왕호를 칭할 때까지 사용됨.

▶ 눌지(재위 417~458년) : 신라 19대 왕. 고구려와 왜에 볼모로 간 동생들을 박제상으로 하여금 탈출시킴.

* 요청 : 필요한 어떤 일이나 행동을 청함.
* 채비 : 어떤 일이 되기 위하여 필요한 물건이나 자세가 미리 갖추어져 차려지게 함.

* 성군 : 어질고 덕이 뛰어난 임금.
* 제거 : 없애 버림.

* 반란 : 정부나 지도자 따위에 반대하여 나라 안에서 큰 싸움을 일으킴.
* 일어나다 : 어떤 일이 생기다.

▶ **실성(재위 402~417년)** : 신라 18대 왕. 고구려와 연합하여 백제를 견제함.
▶ **신라** : 기원전 57년에 박혁거세가 지금의 영남 지방을 중심으로 세운 나라로 삼국을 통일함.

24
* 아우 : 남자들 사이에서 손아랫사람.
* 볼모 : 나라 사이에 조약 이행을 담보로 상대국에 잡아둔 왕자나 유력한 사람.

톡톡! 역사
삽량주 간이란 무엇일까?

삽량은 경상남도 양산의 옛이름이며, '삽량주'는 지금의 양산·동래·기장을 비롯한 낙동강 동남부 일대를 말한다. 그리고 '간'이란 당시 신라에서 **지방을 다스리는 우두머리를 일컫는 말**이었다.

▶ **박제상(363~419년)** : 신라 눌지 마립간 때의 충신. 고구려와 왜에 건너가 볼모로 잡혀 있던 왕자들을 탈출시켰으나 왜에게 죽음.

* 간섭 : 직접 관계가 없는 남의 일에 참견함.
* 작전 : 어떤 일을 이루기 위하여 필요한 조치나 방법을 강구함.

▶ 국내성 : 졸본성에 이어 고구려의 두 번째 수도.
* 도리 : 사람이 어떤 입장에서 마땅히 행하여야 할 바른길.

* 반박 : 어떤 의견, 주장, 논설 따위에 반대하여 말함.
* 의심 : 확실히 알 수 없어서 믿지 못하는 마음.

톡톡! 역사
복호 왕자가 돌아온 후 고구려와의 관계는 어떻게 되었을까?

복호가 돌아온 후 눌지 마립간이 고구려에 대한 태도를 바꾸자 관계가 *소원해졌다. 다시 관계를 회복하고자 고구려에 사신을 파견하는 등 교류에 힘썼지만 예전 같지는 못했다. 그 후 장수왕은 더 이상 눌지 마립간을 *신뢰하지 않았다.

* **소원하다** : 지내는 사이가 두텁지 아니하고 거리가 있어서 서먹서먹하다.
* **신뢰** : 누군가를 많이 믿음.

* 소신 : 신하가 임금을 상대하여 자기를 낮추어 이름.
* 속임수 : 남을 속이는 짓.

▶ 율포 : 지금의 울산 북쪽 바닷가인 정자마을로 추정됨.
* 충분하다 : 모자람이 없이 넉넉하다.

* 어찌 : 어떠한 이유로.
* 잠시 : 짧은 시간.

* 노략질 : 무리를 지어 다니며 물건을 빼앗는 짓.
▶ 왜구 : 중국과 우리나라 연안을 무대로 약탈을 일삼던 일본 해적.

* **처소** : 사람이 살거나 임시로 머무는 곳.
* **감시자** : 단속하기 위하여 주의하여 지켜보는 사람.

* **적당하다** : 정도에 알맞다.
* **기웃거리다** : 무엇을 보려고 고개나 몸 따위를 이쪽저쪽으로 자꾸 기울이다.

* 듬직하다 : 사람됨이 믿음성 있게 묵직하다.
* 배반 : 믿음과 의리를 저버리고 돌아섬.

▶ 미사흔(?~433년) : 신라 내물 마립간의 셋째 아들. 왜에 볼모로 잡혀갔다가 박제상의 꾀로 무사히 돌아옴.

38 　＊ 금방 : 말하고 있는 시점부터 바로 조금 후에.
　　＊ 장수 : 군사를 거느리는 우두머리.

* **천하태평** : 태평스럽고 편안한 세상.
* **들통나다** : 어떤 일을 꾸미다가 들키다.

* **두렵다** : 어떤 대상을 무서워하여 마음이 불안하다.
* **소신** : 신하가 자기를 낮춰 부르는 말.

* 뱃놀이 : 배를 타고 노는 놀이.
* 추격 : 뒤쫓아 가며 공격함.

* **안개** : 지표면 가까이에 아주 작은 물방울이 부옇게 떠 있는 현상.
* **무뚝뚝하다** : 말이나 행동 등이 부드럽고 상냥스러운 면이 없어 정답지가 않다.

▶ **목도** : 정확한 위치가 밝혀지지 않았음. 왜왕은 박제상을 목도로 유배시켰다가 불에 태워 죽였다고 전해짐.

* **사형** : 죄를 지어 감옥에 있는 자의 목숨을 끊음.
* **장작불** : 장작으로 피운 불.

톡톡! 역사

죽은 박제상과 관련된 이야기는 무엇일까?

죽은 박제상의 아내는 몸이 돌로 변해 *망부석이 되었고, 혼은 새가 되어 바위에 숨었다고 전해진다.

▲울산시 울주군에 있는 망부석

▶ **치술령**: 경북 경주와 울산 경계에 있는 산으로 일본을 향한 전망이 좋음.
＊ **망부석**: 아내가 그 위에 서서 남편을 기다렸다는 돌.

46
* 형태 : 사물의 생김새나 모양.
* 죄인 : 죄를 지은 사람.

톡톡! 역사

미사흔 왕자가 탈출한 후 왜와의 관계는 어땠을까?

미사흔의 탈출로 신라와 왜의 관계는 극도로 나빠졌다. 왜가 *보복을 하겠다며 노략질을 일삼았기 때문이다. 이즈음, 고구려의 장수왕이 평양으로 *천도하며 남진 정책을 추진하자 위협을 느낀 신라는 백제 비유왕의 제안으로 433년 나·제동맹을 맺었다.

* **보복** : 해를 입은 것에 대해 복수하는 것.
* **천도** : 도읍을 옮김.

한국사 핵심 노트

4~5세기 신라 역사를 정리해 보자.

🟢 신라의 성장과 발전

1) 신라의 초기 상황과 가야의 발전

초기 신라는 6부족 연맹체의 부족 국가였고 이후 박·석·김, 세 성씨 중에서 왕을 추대하였다. 또한, 큰 산맥에 둘러싸여 있어 외부와의 접촉이 어려웠고, 한반도 동남쪽에 치우쳐 있어 선진 문물의 수용이 어려웠다. 낙동강 부근에 생겨난 가야 역시 초기에는 12부족 연맹체로 출발하여 6개의 연맹 국가가 되었지만, 562년 대가야가 신라에 합해지면서 역사 속으로 사라졌다.

2) 국가의 기틀 다지기

내물 마립간 (재위 356~402년)	• 처음으로 '마립간' 칭호를 사용하였는데, 마립간은 대군장이라는 의미임. • 이전보다 왕권이 강화되었음. • 고구려의 군사 지원으로 왜의 침략을 막을 수 있었지만, 고구려의 간섭을 받음.
눌지 마립간 (재위 417~458년)	• 박제상의 활약으로 고구려 등의 간섭에서 벗어남. • 고구려의 남진 정책에 맞서 백제와 나·제동맹을 맺음. • 왕위가 아버지에서 아들로 상속되는 '부자 상속제'가 확립됨.
소지 마립간 (재위 479~500년)	• 나·제동맹을 굳건히 함.

3) 신라 시대의 유적지

경주시 황남동에는 신라 시대의 고분이 널리 분포되어 있다. 봉토가 남아 있는 고분들은 대개 돌무지 덧널무덤으로 신라 마립간 시기의 왕과 왕족들의 무덤들로 추정된다. 이 중에서 황남대총은 5세기 때의 왕과 왕비의 무덤으로 추정된다.

▲ 황남대총 북분 금관

▲ 황남대총 남분 은관

신라의 왕을 부르는 말이 바뀐 이유

1) 신라 왕호의 변화

고구려와 백제가 일찍부터 중국식 칭호인 '왕'을 사용한 것과 달리 신라는 꽤 오랜 기간 자신들만의 왕호를 사용하였다.

2) 신라 고유 왕호의 의미

	◀ 거서간 • 태양, 신령한 제사장, 군장, 대인을 뜻함. • 시조인 1대 박혁거세에게만 사용됨.
	◀ 차차웅 • 2대 남해 때 사용한 칭호. • 제사와 정치를 총괄했던 군장을 뜻함.
	◀ 이사금 • 3대 유리 때부터 사용함. • 연장자, 계승자를 뜻함.
	◀ 마립간 • 17대 내물 때부터 부르기 시작함. • '마립'이란 우리말로 말뚝이라는 뜻으로 가장 높음을 의미하며, '간'이나 '한'은 사람을 높여 부르는 말임.

 **궁금해요!** '이사금'이라는 왕호의 유래는?

2대 남해가 사망한 후 남해의 아들인 유리와 사위인 탈해는 서로 왕의 자리에 오르길 미루었어. 그래서 떡을 깨물어 잇자국의 수가 많은 쪽이 왕위에 오르기로 하였고, 그 결과 유리가 왕의 자리에 올라 '이사금'이라 불리게 되었어. 당시에는 훌륭하고 지혜로운 사람은 나이가 많다고 여겨 이의 숫자로 왕을 정한 것이었지.

 **궁금해요!** 신라에서 중국식 '왕(王)'의 칭호를 쓴 이유는?

'왕'이라는 중국식 칭호를 사용한 것은 22대 지증왕 때야. '왕'이라는 칭호는 그동안 사로, 사라 등으로 다양하게 불리던 나라 이름을 '신라'로 통일하면서 함께 시행되었어. 이러한 조치는 중국의 발전된 문물을 적극적으로 수용하여 통치 체제를 정비하려는 상징적인 조치로 볼 수 있어. 또한 당시 왕권이 성장하였음을 알 수 있지.

세계사 핵심 노트

4~5세기경의 세계사를 살펴보자.

⬠ 중세 서유럽의 시작

1) 로마 제국의 분열(395년)

대제국을 건설한 로마도 위기를 맞지만, 콘스탄티누스 황제(재위 306~337년)에 의해 다시 통일되었다. 콘스탄티누스 황제는 로마 제국의 수도를 콘스탄티노폴리스(콘스탄티노플)로 옮겼다. 그러나 그가 죽은 후 로마는 다시 동서로 분열되어 쇠퇴한다. 특히, 서로마 제국은 동로마 제국보다 국력이 약해 안팎으로 많은 어려움을 겪었다.

'모든 길은 로마로 통한다'는 말이 있을 정도로 서유럽 세계에서 로마의 위상은 높았어.

▶ 로마의 콘스탄티누스 황제

2) 밀라노 칙령

크리스트교는 사도 바울에 의해 로마로 전파되었는데, 초기에는 많은 박해를 받았다. 이후 콘스탄티누스 황제 때인 313년에 밀라노 칙령으로 공인되었고, 테오도시우스 황제 때인 392년에 로마의 국교가 되었다.

이런 곳에서 예배를 보다니 놀라운데!

크리스트교들이 초기의 박해를 이겨낸 덕분에 국교까지 되었잖아.

▲ 로마의 박해를 피해 예배를 본 지하 묘지(카타콤)

▶ **밀라노 칙령** : 313년에 로마의 콘스탄티누스 황제가 밀라노에서 발표한 칙령. 모든 사람들에게 크리스트교를 포함해 자신이 원하는 종교를 따를 수 있는 자유를 보장해 줌.

3) 게르만족의 대이동

게르만족은 프랑크족, 고트족, 색슨족 등으로 로마의 국경선인 라인강과 다뉴브강 부근에 자리 잡고 살던 민족이다. 4세기 후반 중앙아시아에서 훈족인 투르크계 유목 민족이 출현하면서 게르만족의 대이동이 시작되었다. 이를 시작으로 동고트족, 반달족, 프랑크족 등이 대대적으로 이동하여 서로마 제국 각지에 자리 잡고 자신의 왕국을 건설하였다.

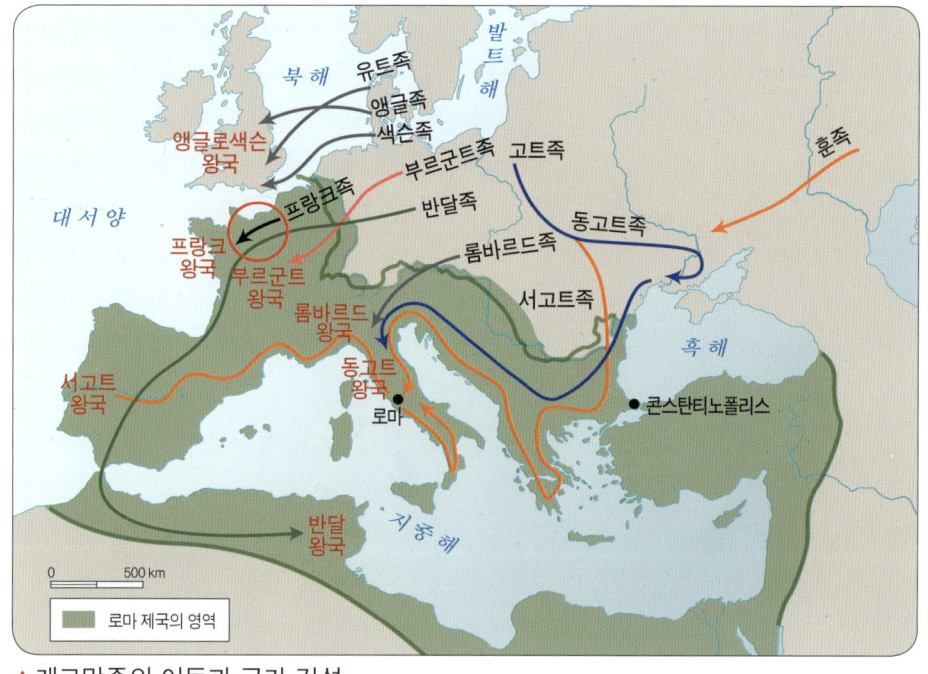

결국 서로마 제국은 476년에 멸망해.

▲ 게르만족의 이동과 국가 건설

4) 프랑크 왕국

프랑크 왕국은 메로빙 왕조(481~751년)와 카롤링 왕조(751~987년)를 거치며 세력을 크게 키워나갔다. 특히 카롤루스 대제(재위 768~814년)는 꾸준히 정복 사업을 펼쳐 옛 서로마 제국의 영토 대부분을 차지하였고 정복 지역에 크리스트교를 전파하는 데 앞장섰다.

크리스트교로 게르만족을 통합하려고 했지!

▲ 카롤루스 대제

법흥왕은 왜 불교를 받아들였을까?

* **호위 무사** : 따라다니며 곁에서 보호하고 지키는 군인.
* **시녀** : 항상 옆에서 심부름을 하는 여자.

톡톡! 역사

신라 시대의 무덤은 어떤 양식이었을까?

신라 시대의 대표적인 무덤은 돌무지 덧널무덤(적석 목곽분)이다. 이 무덤은 땅 속이나 땅 위에 시신과 *껴묻거리를 넣는 나무덧널을 설치하고 그 위에 사람 머리만한 크기의 돌을 쌓은 다음, 그 위에 흙을 덮어 완성한다. 덧널 위에 쌓인 돌들 때문에 도굴하기가 어려워 많은 부장품들이 발견되고 있다. 돌무지 덧널무덤은 신라 시대 초기인 5세기 전후 왕권이 강해지는 마립간 시대에 주로 만들어졌으며, 경주에 있는 천마총과 황남대총, 금관총 등이 대표적인 무덤이다.

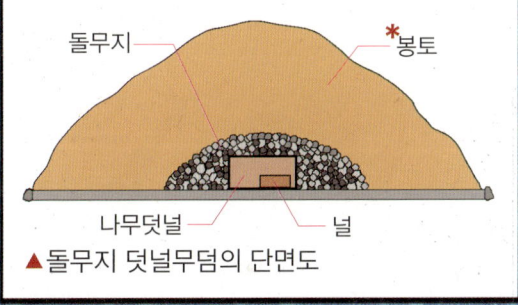

▲ 돌무지 덧널무덤의 단면도

殉 따라 죽을 순
葬 장사 지낼 장

* 껴묻거리 : 장사 지낼 때 시체와 함께 묻는 물건.
* 봉토 : 흙을 쌓아 올림.

* **기절** : 두려움, 놀람, 충격 따위로 한동안 정신을 잃음.
* **초능력** : 현대 과학으로는 합리적으로 설명할 수 없는 초자연적인 능력.

순장은 언제 금지되었을까?

신라에는 왕이 죽으면 남녀 각 다섯 명씩을 죽여 왕의 관 옆에 함께 묻는 순장 *풍습이 있었다. 왕뿐만 아니라 제법 큰 세력을 가지고 있는 지배층에게도 순장의 풍습은 일반적이었던 걸로 추측된다. 그런데 502년에 지증왕이 순장을 금지하는 법령을 내렸다.

* 풍습 : 어떤 민족 고유의 습관이나 행동.
* 중하다 : 책임이나 임무 따위가 무겁다.

* **오싹하다** : 몹시 무섭거나 추워서 갑자기 몸이 움츠러들거나 소름이 끼치다.
* **노동력** : 생산품을 만드는 데 소요되는 인간의 정신적·육체적인 모든 능력.

톡톡! 역사
지증왕은 어떻게 신라를 바꾸었을까?

지증왕은 즉위 초기 순장을 금지하고 ▶우경법을 권장한 것을 시작으로 여러 개혁 정책을 펼쳤다. 먼저 사라, 사로 등으로 불리던 나라 이름을 '신라'로 통일하고, 칭호를 마립간에서 '왕'으로 바꾸었다. 또 지방을 주·군·현으로 나누어 관리를 보내 다스림으로써 중앙에서 지방을 통제할 수 있도록 했다.

▲ 지증왕

---

* **국호** : 나라 이름.
▶ **우경법** : 소로 밭을 가는 농사 방법.

▶ 금성 : 신라의 수도. 경주의 옛 이름.
* 태자 : 임금의 자리를 이을 임금의 아들.

* 호위 : 따라다니며 곁에서 보호하고 지킴.
* 변장 : 본래의 모습을 알아볼 수 없게 옷차림이나 얼굴, 머리 모양 등을 다르게 바꿈.

* 마 : 맛과의 덩굴풀을 통틀어 이르는 말.
* 나라님 : 나라의 임자라는 뜻으로, 임금을 이름.

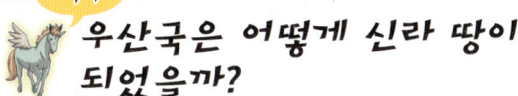

우산국은 어떻게 신라 땅이 되었을까?

우산국 사람들이 신라에 자주 들어와 *노략질을 하자 지증왕은 이사부에게 우산국 *토벌을 명했다. 이에 이사부는 배에 나무로 만든 사자를 싣고 가서 이것을 맹수인 것처럼 속여 우산국에 풀어 놓겠다고 위협했다. 그러자 우산국 사람들이 겁을 먹고 항복했다.

우산국은 지금의 울릉도와 독도 등 그 주위의 섬으로 이루어진 나라예요.

* **노략질** : 떼를 지어 돌아다니며 물건을 훔치는 짓.
* **토벌** : 무력으로 쳐 없앰.

62 ▶ 법흥왕(재위 514~540년) : 신라 23대 왕. 불교를 공인하고, 처음 율령을 반포하여 국가를 만드는데 힘을 기울임.

527년 신라 금성

어? 신하들의 관복 색깔이 다양해졌네!

*율령이 *반포 되었거든.

삼국의 왕들은 율령을 만들어 나라를 다스릴 기반을 세웠어.

율령은 백제 - 고구려 - 신라 순으로 반포되었지.

백제 고이왕 (3세기)

고구려 소수림왕 (4세기)

신라 법흥왕 (6세기)

법흥왕은 520년 율령을 반포했는데, 그 안에 각종 제도가 포함되어 있어.

대표적인 것이 관리들이 입는 옷의 색을 정한 거야.

관직을 17등급으로 나누어 각 관등에 따라 다른 색깔의 관복을 입도록 했지.

▲ 신라의 17관등

* 율령 : 법률을 아울러 이름. 나라를 다스리는 법률임.
* 반포 : 세상에 널리 퍼뜨려 모두 알게 함.

법흥왕이 이룬 업적은 무엇일까?

법흥왕은 517년에 오늘날의 국방부라 할 수 있는 '병부'를 설치하여 군사 지휘권을 장악했다. 520년에는 율령(법률)을 반포하고, 모든 벼슬아치가 입는 *공복 색깔을 정했다. 그리고 신라의 신분 제도인 골품제를 바로잡았다. 그리고 532년에는 금관가야를 정복해 영토를 넓혔다.

▶ 골품제 : 신라 때 출신 성분에 따라 골(骨)과 품(品)으로 등급을 나누는 신분 제도.
* 공복 : 국가의 일꾼들이 입는 옷.

▶ **불교** : 기원전 6세기경 인도의 석가모니가 처음 내세운 후 아시아 여러 나라에 전파된 종교. 이 세상의 고통을 벗어나 부처가 되는 것을 궁극적인 이상으로 삼음.

* **토착 신앙** : 그 지역에서 대대로 믿어 오던 전통적인 종교나 믿음의 대상.
* **힘겨루기** : 승부 따위를 위하여 힘이나 세력을 보여 주거나 확장하려고 서로 버티는 일.

* 소신 : 신하가 임금에게 자기를 낮추어 이름.
* 송구 : 두려워서 마음이 거북스러움.

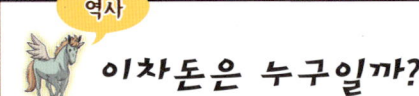

이차돈은 누구일까?

이차돈의 아버지는 알려진 바 없고, 할아버지는 습보갈문왕의 아들이다. 그는 대나무와 잣나무 같은 *절개에, 맑은 거울 같은 마음을 가진 사람으로, '사인'이라는 직책을 맡아 궁에서 일했다. '사인'은 비교적 낮은 등급의 관직이나 왕을 가까이서 모시는 직책이라 법흥왕의 심정을 눈치채고 불교 공인을 위해 스스로 죽을 것을 제안했다.

* 연연하다 : 집착하여 미련을 가짐.
* 절개 : 신념, 신의 따위를 굽히지 않고 굳게 지키는 꿋꿋한 태도.

▶ **천경림** : 경상북도 경주시 남천의 북쪽 언덕에 있는 숲. 신라 시대 토착 신앙의 성지로 여겨진 숲.

▶ 이차돈(506~527년) : 신라 최초의 불교 순교자. 불교를 몰래 섬기던 중 불교를 공인하기 위해 희생을 감수함. 왕의 명으로 목을 베이자 흰 피가 솟아남.

* **바른대로** : 사실과 다름없이.
* **확인** : 틀림없이 그러한가를 알아보거나 인정함.

* 몰려오다 : 여럿이 떼를 지어 한쪽으로 밀려오다.
* 신성 : 함부로 가까이할 수 없을 만큼 고결하고 거룩함.

* 진실 : 거짓이 없는 사실.
* 대령 : 윗사람의 지시나 명령대로 함.

* 굳건히 : 뜻이나 의지가 굳세고 건실하게.
* 절 : 승려가 불상을 모시고 불도를 닦는 곳.

* **왕명** : 임금의 이름.
* **평안** : 걱정이나 탈이 없음.

* 욕보다 : 부끄러운 일을 당함.
* 결단 : 결정적인 판단을 하거나 단정을 내림.

* 따르다 : 좋아하거나 존경하여 가까이 좇다.
* 완벽 : 결함이 없이 완전함.

* 유언 : 죽음에 이르러 말을 남김.
* 기이하다 : 기묘하고 이상하다.

* **가다** : 사람이 죽는 것을 돌려 말하는 것.
* **대낮** : 환히 밝은 낮.

* 공인 : 공식적으로 인정하는 것.
▶ 중앙집권국가 : 통치상의 권한이 중앙에 집중된 국가.

이차돈 순교비란 무엇일까?

신라 때 불교 공인을 위해 *순교한 이차돈을 추모하기 위해 818년에 세워진 6면 비석이다. 6면 중 1면에는 이차돈의 순교 장면이 조각되어 있다.

▲ 이차돈 순교비

* 법명 : 승려에게 불교계에서 지어 주는 이름.
* 순교 : 종교를 가진 사람이 자기의 신앙을 지키기 위해 목숨을 바침.

* 주막 : 시골 길가에서 밥과 술을 팔고, 돈을 받고 나그네를 묵게 하는 집.
* 위업 : 위대한 사업이나 업적.

* **고통** : 몸이나 마음의 괴로움과 아픔.
* **부르다** : 먹은 것이 많아 속이 꽉 찬 느낌이 들다.

84
* **충심** : 충성스러운 마음.
* **사군이충** : 事君以忠. 세속오계의 하나로 충성으로써 임금을 섬긴다는 말임.

▶ **월성** : 신라 시대의 궁궐. 반달 모양으로 생겼다고 전해짐.
▶ **진흥왕(재위 540~576년)** : 신라 24대 왕. 신라 최대의 정복 군주.

한국사 핵심 노트

6세기 신라 역사를 정리해 보자.

🟢 신라의 중앙 집권 체제

1) 지증왕(재위 500~514년)의 업적

백성의 생활을 안정시키기 위해 노력하였다. 이에 순장을 금지하였고, 농사를 권장하여 소를 이용하여 농사를 짓는 우경이 시작되었다. 국호를 '신라'로 통일하고, 왕을 부르는 칭호를 마립간에서 '왕'으로 바꾸었다. 또한, 행정 구역을 개편하여 주·군 제도를 시행하였다.

이사부에게 우산국(울릉도)을 정벌하라고 명하기도 했지.

2) 법흥왕(재위 514~540년)의 업적

군사권을 왕이 직접 장악하고 병부를 설치하였으며, 율령을 반포하고, 공복을 제정하였다. 골품제를 정비하여 신분 간의 질서를 세웠는데 최고 관직인 상대등을 새로 만들어 귀족의 대표 역할을 하도록 하였다. 또한, 독자적 연호인 '건원'을 사용하였고, 금관가야를 신라의 영토로 만들어 낙동강 하류 지역까지 진출하였다. 불교를 국가적인 차원에서 받아들여 왕권을 강화하고, 정신적 통일을 이루었다.

▶ 이차돈 순교비
이차돈의 순교로 신라는 불교를 받아들이고 왕권을 강화할 수 있었다.

 **궁금해요!** 우산국(울릉도)을 정벌한 이사부 장군은 누구일까?

이사부 장군은 신라 지증왕과 진흥왕 시대에 활약한 장군이다. 〈삼국사기〉에 따르면, 그는 지증왕 때 변경 관리가 되어 가야를 정벌하였다. 이후 아슬라주(강릉)의 군주가 되어 우산국을 병합하였다. 이때 나무로 사자를 만들어 배에 싣고 가서 겁을 주며 항복을 받아냈다. 이처럼 이사부 장군은 단순히 힘만 센 장수가 아니라 머리까지 쓸 줄 아는 인물이었다. 또한, 나라의 기틀을 잡아가던 신라를 이끈 중요한 인물이었다.

▶ **금관가야**: 기원 전후부터 532년까지 경상남도 김해 지역에서 발전한 나라로, 활발한 무역과 발전된 농업을 바탕으로 전기 가야 연맹을 주도함.

신라 고유의 신분 제도인 골품제

1) 골품제란?

  신라에는 '골품제'라는 고유의 신분 제도가 있었다. 골품제는 크게 '골' 신분과 '두품' 신분으로 나뉘었는데, 이를 나누는 가장 중요한 기준은 누구의 후손이냐는 점이었다. 초기 골품제는 신라의 영향권 아래 들어온 지방 관료들을 중앙으로 끌어들이면서 서열을 매기고 구분하였던 것에서 시작하였다.

2) '골' 신분과 '두품' 신분의 차이점

  신라의 왕족이었던 '골' 신분은 다시 성골과 진골로 구분되는데, 그중에서 성골만이 국왕의 자리에 오를 수 있었다. 신라에서 선덕여왕과 진덕여왕처럼 여성이 왕위에 오를 수 있었던 것은 성골 신분에 속하였기 때문이었다. 이는 성골이라는 특수한 왕족 의식이 그만큼 강하였음을 보여 주는 것이다.

3) 신라의 골품과 관등표

등급	관등명	진골	6두품	5두품	4두품	공복
1	이벌찬	■				자색
2	이 찬	■				자색
3	잡 찬	■				자색
4	파진찬	■				자색
5	대아찬	■				자색
6	아 찬	■	■			비색
7	일길찬	■	■			비색
8	사 찬	■	■			비색
9	급벌찬	■	■			비색
10	대나마	■	■	■		청색
11	나 마	■	■	■		청색
12	대 사	■	■	■	■	황색
13	사 지	■	■	■	■	황색
14	길 사	■	■	■	■	황색
15	대 오	■	■	■	■	황색
16	소 오	■	■	■	■	황색
17	조 위	■	■	■	■	황색

세계사 핵심 노트

6~7세기 중국의 역사를 살펴보자.

⬟ 중국의 율령 제도

1) 율령 제도의 시작

율령 제도는 우리나라뿐 아니라 중국, 일본, 베트남 등 동아시아 지역에서 널리 쓰인 제도로, 중국에서 시작되었다. 우리나라에서는 삼국 시대에 시작되어 중앙집권체제가 갖추어질 무렵, 율령에 관한 기록을 찾아볼 수 있다. 백제는 고이왕(3세기), 고구려는 소수림왕(4세기), 신라는 법흥왕(6세기) 시기에 율령을 반포한 것으로 추정된다.

율령이 뭐야?

율령은 고대 국가의 법률을 말해.

▲ 단양 적성비 비문
비문에는 신라의 영토 확장을 돕고 충성을 바친 사람을 표창함과 동시에 장차 신라에 충성을 다하는 사람에게도 똑같은 포상을 내리겠다는 내용이 담겨 있다.

신라의 형벌 및 율령 제도 발달에 대한 사실을 알 수 있지.

2) 율령 제도의 발전

중국의 율령 제도가 처음부터 구체적인 모습을 가진 것은 아니었다. 가장 처음 등장한 것은 '율'이다. 군주는 신하의 행동을 효과적으로 통제하기 위해 상과 벌을 시행했는데 이것을 정리한 것이 형법, 즉 '율'이었다. 이후 구체적인 규정들이 필요해져 만든 것이 행정 법규인 '령'이다.

3) 율령 제도의 완성

남북조 시대에 유목 민족이 지배층이었던 북조의 국가들은 기존의 율령을 자신들의 입장과 상황에 맞게 고쳐나갔다. 이로 인해 율령은 많이 수정되었고, 격과 식이라 불리는 보완 법규가 등장하게 되었다. 이후 수와 당이라는 통일 제국이 등장하면서 기존의 율·령·격·식을 모두 정리하였고 법 체계가 완성되었다.

4) 율령 제도의 영향

 당은 국가를 정비하기 위해 율령 제도를 정착시켰다. 또한, 통일 제국의 힘을 바깥으로 돌리기 시작하였다. 그 과정에서 당과 주변 국가, 민족 간의 수많은 전쟁이 벌어졌고, 당의 발전된 문물이 동아시아 지역으로 전파되었다. 당의 율령 제도 또한 주변 지역에 큰 영향을 주었다.

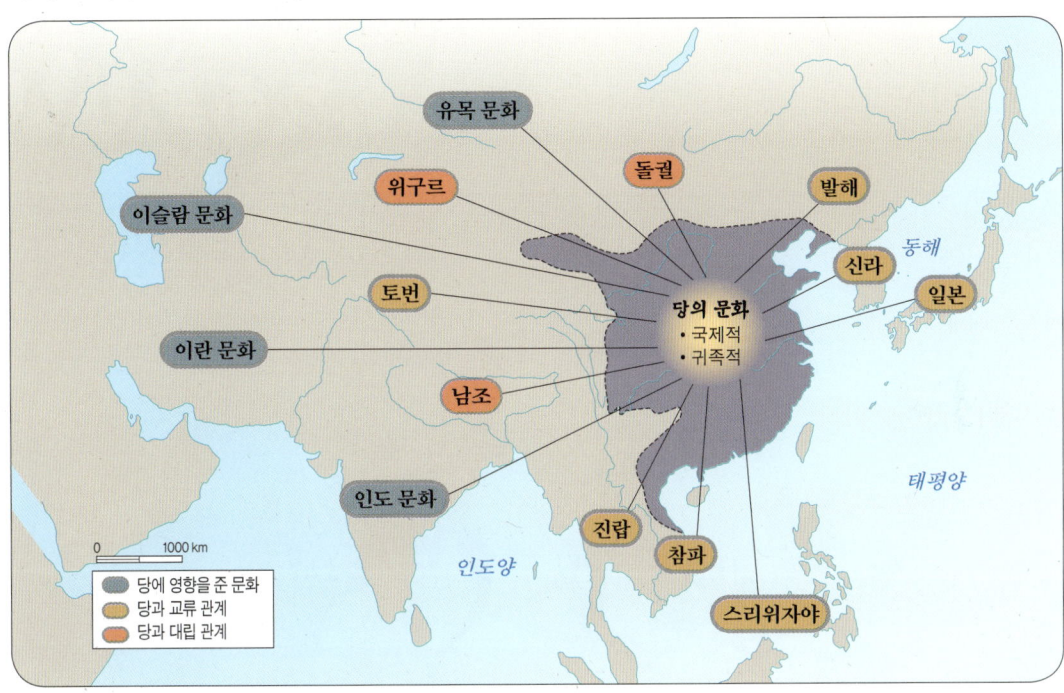

▲ 당 대 동아시아 지역 세계의 문화적 구조
 당 대에는 한자, 율령, 유교, 불교 등을 문화적으로 공유하는 지역 세계가 형성되었다.

3장 540년경~576년경

진흥왕은 어떻게 신라의 영토를 넓혔을까?

* **피하다** : 비, 눈 따위를 맞지 않게 몸을 옮기다.
* **전쟁터** : 싸움을 치르는 장소.

* **후퇴** : 뒤로 물러남.
* **상대** : 서로 겨루는 대상.

▶ 돌궐족 : 6세기 중반부터 약 200년 동안 몽골 고원을 중심으로 활약한 투르크계 민족.
* 하류 : 강이나 내의 아래쪽 부분.

톡톡! 역사

신라와 백제는 왜 동맹을 맺었을까?

427년 고구려 장수왕이 수도를 평양으로 옮기고 남쪽으로 영토를 넓히려 하자 위기를 느낀 백제와 신라는 나·제동맹을 맺었다. 그러나 백제는 고구려에게 한강 *유역을 빼앗기고 수도를 한성에서 웅진으로 옮기는 *수모를 겪었다. 이후 백제는 성왕이 즉위하면서 신라 진흥왕에게 도움을 청했다. 진흥왕은 나·제동맹에 따라 백제의 제안을 받아들여 함께 한강 유역을 공격했다.

* 유역 : 강물이 흐르는 언저리.
* 수모 : 창피당함.

* 절호 : 무엇을 하기에 기회나 시기가 더할 수 없이 좋음.
* 무리 : 도리나 이치에 맞지 않거나 정도에서 지나치게 벗어남.

톡톡! 역사
한강 유역을 차지한 신라가 세운 기념비는?

551년 신라는 백제와 *연합하여 고구려가 차지하고 있던 한강 유역을 공격했다. 이 무렵 백제는 고구려로부터 한강 하류 지역의 6개 군을 빼앗으며 한강을 되찾았다. 그리고 신라는 한강 상류 지역의 10개 군을 빼앗았는데, 이것은 신라가 역사상 처음으로 한강을 차지한 것이었다. 신라는 이 무렵 점령한 적성(충북 단양군 단성면) 땅의 백성들을 위로하고자 단양 적성비를 세웠다.

단양 적성비는 신라가 한강 유역에 진출했다는 증거가 되고 있어요.

551년 진흥왕 18세

* **연합** : 두 가지 이상의 사물이 합쳐서 하나를 이루는 것.
▶ **진흥왕**(재위 540~576년) : 신라 24대 왕. 신라 최고의 정복 군주.

* **반반** : 무엇을 절반으로 나눈 각각의 몫.
* **작전** : 어떤 일을 이루기 위하여 필요한 조치나 방법을 강구함.

톡톡! 역사

진흥왕은 몇 살에 왕위에 올랐을까?

진흥왕은 법흥왕의 동생 입종갈문왕과 법흥왕의 딸 김씨 사이에서 태어났다. 법흥왕이 아들이 없이 죽자 일곱 살의 나이로 즉위했으나 나이가 너무 어려 어머니인 왕태후 김씨가 *섭정을 했다. 이때 거칠부에게 명해 〈국사〉라는 역사책을 펴내도록 했다. 그리고 열여덟 살이 된 551년부터 직접 나랏일을 돌보기 시작했다.

* 섭정 : 왕이 어리거나 병에 걸리는 등 사정이 생겼을 때 왕을 대신해 나라를 다스리는 것.
* 몽땅 : 있는 대로 죄다.

* 작전 : 어떤 일을 이루기 위하여 필요한 조치나 방법.
* 동맹 : 둘 이상의 개인이나 단체가 서로 이익을 위해 뭉침.

* 손잡다 : 서로 힘을 합하여 함께 일하다.
* 위협 : 힘으로 상대방을 위험하게 만드는 것.

신라가 한강 유역을 차지하며 얻은 이익은?

신라는 백제가 차지한 한강 하류 지역을 빼앗으면서 한강 유역 전체를 손아귀에 넣는다. 이로써 신라는 기름진 땅으로 이루어진 한강 유역에서 풍부한 *물자를 얻게 되었고, 한강을 통해 중국 당나라와 직접 교류할 수 있는 바닷길(서해)을 확보할 수 있었다. 또한, 군사적으로는 한강 유역을 경계로 고구려와 백제를 분리시켜 삼국 통일의 발판을 마련하게 되었다.

* **물자** : 어떤 활동에 필요한 물건.
▶ **당나라** : 618년에 이연이 수나라 공제에게 왕위를 물려받아 세운 통일 왕조.

* 복수 : 원수를 갚음.
* 장인 : 아내의 아버지.

▶ **성왕(재위 523~554년)** : 백제 26대 왕. 538년에 사비로 수도를 옮기고 국호를 남부여로 바꿈. 백제의 마지막 전성기를 이끈 왕.

▶ 관산성 : 충청북도 옥천에 있던 신라의 성. 백제는 신라와 연합하여 회복하였던 한강 유역을 신라의 배신으로 잃게 되자, 554년에 백제 성왕이 신라를 공격하였고 이곳에서 전사함.

▶ 태자 창(위덕왕, 재위 554~598년) : 백제 성왕의 맏아들로 성왕의 뒤를 이어 27대 왕위에 오른 인물.

* 후퇴 : 뒤로 물러남.
* 출동 : 부대 따위가 일정한 목적을 실행하기 위하여 떠남.

* **지원군** : 먼저 전쟁터에 나간 군사들을 도와 주기 위해 보내는 군인들.
* **상황** : 일이 되어 가는 과정이나 형편.

▶ **금관가야** : 기원 전후부터 532년까지 경상남도 김해 지역에서 발전한 나라로, 활발한 무역과 발전된 농업을 바탕으로 전기 가야 연맹을 주도함.

▶ 성왕(재위 523~554년) : 백제 26대 왕. 538년, 백제의 도읍을 사비성으로 천도하고 국호를 남부여라고 함.

* 전사 : 전쟁터에서 적과 싸우다 죽음.
* 도망 : 피하거나 쫓기어 달아남.

110 　＊**물리치다** : 적을 쳐서 물러가게 하다.
▶ **비봉** : 서울에 있는 북한산의 비봉 능선에 있는 봉우리.

▶ **북한산비** : 신라 진흥왕의 북한산 행차를 기념하여 비봉에 세운 순수비. 1816년에 김정희가 비문의 일부를 해석한 후 널리 알려졌으며, 현재 국립중앙박물관에 옮겨져 있음.

톡톡! 역사

북한산비(북한산 신라 진흥왕 순수비)는 어떤 비석일까?

북한산 비봉 절벽 위에 세워진 '북한산비'는 진흥왕이 신라의 영토가 된 한강 유역을 직접 돌아보고 그것을 기념하여 세운 비이다. 이 비에 적힌 내용은 진흥왕의 영토 확장과 삼국 시대 역사를 알려 주는 귀한 자료가 되고 있다. 현재 국립중앙박물관에 보관되어 있으며, 북한산 비봉 절벽에는 비석이 있었음을 알리는 표지석이 세워져 있다.

▶ 북한산비가 세워져 있던 비봉 정상

▶ 북한산비(국립중앙박물관 내 전시)

▶ **진흥왕(재위 540~576년)** : 신라 24대 왕. 한강 하류 지역을 빼앗아 삼국 통일의 기반을 마련하였고, 국경에 순수비를 세움.

톡톡! 역사

신라의 황룡사는 어떤 절일까?

553년 진흥왕은 월성 동쪽에 새로운 궁궐을 지었는데, 공사 도중 누런 용이 나타났다. 이에 진흥왕은 이 터에 절을 세워 황룡사라 이름지었다. 569년에 완공된 황룡사는 신라 최대의 사찰로 불교를 전파했으나, 1238년 몽골의 침입으로 불타 없어지고 지금은 터만 남았다. 신라의 역대 왕들은 나라에 큰 일이 있을 때마다 황룡사에서 부처님께 불공을 드렸다.

▲ 경주 황룡사지

▶ 팔관회 : 불교 의식의 한 종류로, 신라뿐만 아니라 고려 시대까지 국가적 차원에서 행해지던 큰 불교 행사였음.

▶ 박혁거세(재위 기원전57~기원후4년) : 신라의 시조. 전국을 돌며 농사와 누에 기르는 일을 장려함. 수도를 금성이라 하고 성을 쌓아 나라의 기초를 다짐.

* **목표** : 어떤 목적을 이루려고 지향하는 실제적 대상.
* **임전무퇴** : 臨戰無退. 전쟁에 나아가 물러서지 않음.

* 빛 : 물체가 광선을 흡수 또는 반사하여 나타내는 것.
* 잘생기다 : 사람의 얼굴이나 풍채가 훤하여 훌륭하다.

▶ 화랑 : 신라 시대에 만든 청소년의 수양 단체. 학식이 있고 외모가 단정한 사람으로 조직함.
* 걱정 : 안심이 되지 않아 속을 태움.

한국사 핵심 노트

6세기 신라 역사를 정리해 보자.

⬠ 신라 전성기를 이끈 진흥왕(재위 540~576년)의 활약

1) 국가 체제의 안정

황룡사를 창건하고, 팔관회를 실시하여 불교를 통해 국가를 지키고자 하였다. 또한, 화랑도를 정비하여 군인을 육성하고 인재를 양성하였다.

2) 정복 전쟁과 영토 확장

신라는 진흥왕 시기에 전성기를 누렸다. 한강 유역과 낙동강 유역을 차지하였고, 고구려의 영토인 함흥평야 지역까지 진출하였다. 이 과정에서 이사부, 거칠부 등의 대신들과 수많은 화랑의 활약이 이어졌다. 한편으로는 영토를 확장하기 위한 수많은 전쟁에서 다수의 백성이 희생되어야만 하였다.

음~. 신라의 영토 확장을 알리기 위해 순수비를 세워야겠어.

▲ 진흥왕 때의 영토 확장(신라의 전성기 6세기)

118

3) 순수비의 건립

영토 확장 과정에서 순수비를 세웠다. 북한산비는 한강 유역을, 창녕비는 가야 지역을 장악하였음을 알 수 있다. 한편, 고구려 영토인 적성 지역을 점령한 후 그 지역 사람들을 위로하기 위해 단양 적성비를 세우기도 했다.

▲창녕비

▲단양 적성비

▲북한산비

4) 전륜성왕을 내세워 왕권을 다진 진흥왕

〈삼국유사〉에는 진흥왕 때 인도의 아소카왕이 보낸 황금으로 황룡사의 장륙삼존불상이라는 거대한 불상을 만들었다는 기록이 있다. 이는 인도에서 현세의 전륜성왕이라 불린 아소카왕과 진흥왕의 인연을 강조하여 왕권을 강화하고자 한 것임을 알 수 있다.

▲황룡사 삼존불상 지대석

궁금해요! **설씨녀 설화란 무엇일까?**

가난한 가실은 설씨녀의 아버지를 대신하여 군대에 가기로 하고, 돌아온 후 설씨녀와 혼인하기로 약속하였어. 둘은 거울을 절반으로 쪼개 각각 한 쪽씩 나누어 가졌지. 그러나 가실이 돌아오지 않자, 설씨녀의 아버지는 그녀를 다른 집에 시집보내려 했어. 이때 마침 가실이 돌아왔는데, 그 모습이 너무나도 처참했어. 가실이 깨진 거울 한 쪽을 보여 주었더니 사람들이 마침내 그가 가실임을 알고 기뻐하였어. 얼마 후 설씨녀와 가실은 혼례를 치르고 오랫동안 행복하게 살았다고 해.

"정복 전쟁 때문에 우리 같은 사연이 많다고 해요."

▶ **전륜성왕** : 인도 신화에서 통치의 수레바퀴를 굴려 세계를 통일·지배하는 이상적인 제왕.

세계사 핵심 노트

 불교의 발전에 대해 살펴보자!

⬠ 국가 운영의 중심적 역할을 한 인도의 불교 ✏️

1) 불교의 발전

고대 인도에서는 사제 신분인 브라만을 중심으로 브라만교가 발전하였다. 기원전 7세기경 정복 전쟁이 활발해지고 상업이 발전하면서 전사 신분의 크샤트리아와 평민 신분의 바이샤가 성장한다. 이들은 브라만의 특권만을 강조하고 형식화된 브라만교를 비판하며 새롭게 출현한 종교를 지지하였다. 그중 대표적인 것이 기원전 6세기경 석가모니가 창시한 불교이다.

2) 아소카왕(재위 기원전268~기원전232년) 시대

아소카왕은 기원전 3세기에 인도 대륙 남부를 제외한 대부분의 지역을 통일하고 대제국을 건설하였다. 그러나 이 과정에서 수많은 사람이 희생되었다. 아소카왕은 이 문제에 대해 고민하다가 불교에*귀의하게 된다. 아소카왕은 인도 전역에 불교를 전파하였고, 불교에서 강조하는 자비와 불살생, 비폭력을 통치의 기본 원칙으로 선언하였다. 그리고 이를 널리 알리기 위해 전국에 석주(돌기둥)를 세웠는데, 불교의 진리를 뜻하는 법륜(수레바퀴)은 반드시 새겨 넣었다.

▲아소카왕이 세운 석주의 사자상

▲인도 지폐에 있는 석주의 사자상과 법륜

▲인도 국기

* 귀의 : 종교적 절대자나 종교적 진리를 깊이 믿고 의지하는 일.

3) 전륜성왕

전륜성왕은 무력이 아닌 바른 가르침으로 전 세계를 지배한다고 알려진 인도 신화 속의 이상적인 제왕이다. 전륜성왕은 인도의 다양한 종교 사상에서 중요한 위치를 차지하는데, 특히 불교에서 중요한 존재로 여겨져 왔다. 아소카왕을 비롯해 불교를 수용한 수많은 왕이 스스로 현실의 전륜성왕이라고 생각하였다. 전륜성왕에 대한 믿음은 불교가 전파되면서 인도를 벗어나 다른 나라에도 널리 퍼져 나갔다.

중국을 거쳐 한반도로 건너온 불교는 국왕의 권위를 강화하는데 유용했어.

4) 불교를 창시한 석가모니(기원전563~기원전483년)

세계 4대 성인의 한 사람으로, 기원전 563년에 지금의 네팔 지방의 카필라바스투 성에서 태어났다. 석가모니란 석가족에서 나온 성자라는 뜻이다. 왕족의 태자로 출생하였는데, 29세에 출가하여 수행하다가 35세 때 깨달음을 얻었다. 이후 녹야원에서 다섯 수행자를 교화하는 것을 시작으로 교단을 성립하였다. 45년 동안 인도 각지를 다니며 포교하다가 80세에 입적하였다.

불교는 석가모니가 인도, 스리랑카 등으로 전파하기 시작하면서 동남아시아로, 서역을 거쳐 중국으로, 중국에서 우리나라로 들어왔어.

▶ 인도 불상

궁금해요! **석가모니가 창시한 불교는 어떤 종교일까?**

불교는 기원전 6세기경 인도의 석가모니가 창시한 종교야. 이 세상의 고통과 번뇌를 벗어나 그로부터 해탈하여 부처가 되는 것을 궁극적인 이상으로 삼고 있지. 불교는 동양의 여러 나라에 전파되었는데, 아시아 문화에 절대적인 영향을 끼쳤어. 또한, 크리스트교·이슬람교와 함께 세계 3대 종교 중의 하나야.

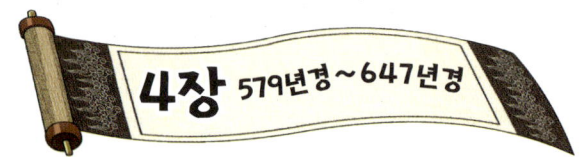

4장 579년경~647년경

신라 최초의 여왕, 선덕여왕은 어떤 인물일까?

톡톡! 역사
화랑도란 무엇일까?

화랑도는 576년 진흥왕 때 만들어진 청소년 수련 단체이다. 원래 신라에는 여성을 중심으로 하는 '원화'라는 제도가 있었는데 이때 남성 중심의 단체로 *개편한 것이다. 화랑도는 화랑 한 명과 교육을 담당하는 승려 몇 명, 그리고 화랑을 따르는 다수의 낭도로 구성되었다. 이들은 전국의 산천을 다니며 몸과 마음을 수련했다.

▶ **낭도** : 화랑도의 지도자를 화랑이라 하며, 화랑도에 소속된 청년들을 낭도라고 함.
* **개편** : 조직을 다시 고침.

* 활시위 : 활을 걸어 당기는 줄.
* 제일 : 여럿 가운데서 첫째가는 것.

세속오계란 무엇일까?

신라 진평왕 때 승려 ▶원광이 화랑에게 일러 준 '화랑으로서 지켜야 할 다섯 계율'이다. 사군이충(임금에 충성을 다할 것), 사친이효(부모에 효도를 다할 것), 교우이신(믿음과 의리로써 벗을 사귈 것), 임전무퇴(전쟁터에 나가서는 물러남이 없을 것), 살생유택(함부로 생명이 있는 것을 죽이지 말 것)이 있다.

▶ 세속오계 : 화랑들이 반드시 지켜야 하는 신조로 유교와 불교가 합쳐진 규범.
▶ 원광(555~638년) : 신라 진평왕 때의 승려로 화랑도의 중심 이념인 '세속 오계'를 지음.

▶ 용화향도 : 진평왕 때의 화랑이던 김유신이 이끌었던 낭도 집단.
* 다툼 : 의견이나 이해의 대립으로 서로 따지며 싸우는 일.

126 ▶ 삼국 통일 : 신라가 백제와 고구려를 멸망시키고 통일 국가를 수립한 일.
* 영웅 : 지혜와 재능이 뛰어나고 용맹하여 보통 사람이 하기 어려운 일을 해내는 사람.

* **수련** : 인격, 기술, 학문 따위를 닦아서 단련함.
* **기반** : 기초가 되는 바탕.

톡톡! 역사

골품제는 어떻게 나누어져 있을까?

신라에는 골품제라는 신분 제도가 있었다. 골품제는 성골과 진골이라는 '골' 신분과 6두품부터 1두품까지 여섯 등급의 '두품'이라는 신분으로 나누어졌다. 성골과 진골은 왕족인데, 이중 성골이 으뜸 신분으로 왕위를 차지하고 있었다.

성골은 '성스러운 뼈'란 뜻이야. 에휴~ 그럼 난 뭐지?

128 ▶ **진지왕(재위 576~579년)** : 신라 25대 왕. 〈삼국유사〉에 따르면 나라를 혼란스럽게 만들어서 쫓겨났다고 전해짐.

* **모란꽃** : 작약과의 꽃. 늦봄에 붉고 큰 꽃이 피는데, 꽃빛은 보통 붉으나 개량 품종에 따라 흰색, 붉은 보라색, 흰색 등 여러 가지가 있음.

독특! 역사
선덕여왕이 미리 알았던 세 가지 일은 무엇일까?

첫째는 당나라 황제가 보낸 모란꽃 그림에 나비가 없는 것을 보고 **꽃에 향기가 없을 것임**을 미리 알았다. 둘째는 겨울철에 개구리 떼가 우는 것을 듣고 **백제군이 침입한 사실**을 미리 알아 물리쳤다. 셋째는 자신이 **죽을 날을 미리 예언**하고 무덤 자리를 미리 정했다.

▶ **진평왕(재위 579~632년)** : 신라 26대 왕. 수나라와 교류하고 불교를 장려함. 수나라의 도움을 받아 고구려에 쳐들어갔고, 당나라 때도 계속 고구려를 견제함.

▶ 화백 회의 : 신라의 회의 제도. 국가 중대사가 있을 때 귀족들이 모여 만장일치제로 결정함. 의장은 귀족의 대표인 상대등이 맡음.

* 만장일치 : 모든 사람의 의견이 같음.
* 뜨다 : 감았던 눈을 벌리다.

632년 선덕여왕 즉위

톡톡! 역사

선덕여왕의 즉위 과정은 어떠했을까?

신라 역사상 단 한 번도 여성이 왕위에 오른 적이 없었기 때문에 신하들의 반발이 심했다. 특히, 화백 회의를 거쳐 즉위가 결정되기 때문에 즉위 과정은 어려웠다. 즉위 후에도 당나라에 여러 차례 사신을 보내 요청을 하고서야 3년 만에 *봉작을 받을 수 있었다. 이에 선덕여왕은 분황사를 건립했는데, 여왕이라는 편견을 뛰어넘고 백제, 고구려로부터의 위협을 부처님의 힘으로 극복하고자 했다.

▲ 경주 분황사 모전석탑

▶ 성조황고 : '성스러운 혈통을 가진 여자 황제'라는 뜻.
* 봉작 : 관직을 내려 주는 것.

* 수시로 : 아무 때나 늘.
* 부담 : 어떠한 의무나 책임을 짐.

▶ 독산성 : 지금의 경기도 오산에 위치한 산성.
* 장수 : 군사를 거느리는 우두머리.

똑똑! 역사

선덕여왕의 인재 등용법은?

삼국 시대에는 왕들이 직접 전쟁터에 나가 군사를 지휘하는 일이 많았다. 그러나 여성인 선덕여왕은 직접 전쟁에 참여하는 것이 불가능했다. 그 대신 그녀는 인재를 적절하게 등용하는 방법을 썼다. 대표적으로 김유신에게 군사 분야를 맡기고, 김춘추에게 외교 분야를 맡겨 장차 삼국 통일을 할 수 있는 기반을 마련했다.

136 ▶ **알천(알 수 없음)** : 신라 귀족. 636년에 독산성을 공격한 백제군을 물리침. 진덕여왕이 죽은 뒤에 왕으로 추대되었으나 김춘추를 왕으로 추천함. ▷ 살아있던 시기를 정확히 알 수 없음.

▶ 당항성 : 경기도 화성에 있는 삼국 시대의 산성.
▶ 대야성 : 경상남도 합천군에 위치. 신라의 서부 지방에 쌓은 토성.

▶ 김품석(?~642년) : 김춘추의 사위. 백제군에 의해 대야성이 함락당하고 죽임을 당함.
▶ 고타소(?~642년) : 김춘추의 딸. 남편 김품석과 함께 죽음.

▶ 연개소문(?~665년) : 고구려 장군. 영류왕을 죽이고 보장왕을 왕으로 만든 뒤 스스로 대막리지가 되어 정권을 장악함.

▶ 보장왕(재위 642~668년) : 고구려 28대 마지막 왕. 연개소문에 의해 왕위에 올랐으며, 나·당연합군의 침략으로 고구려가 망한 뒤 당나라로 보내짐.

* 무엄하다 : 어려워함이 없이 아주 무례하다.
▶ 월성 : 경상북도 경주 분지 중앙에 있는 성.

* **국경** : 나라와 나라의 영역을 가르는 경계.
* **지대** : 자연적, 또는 인위적으로 한정된 일정 구역.

* **요청** : 필요한 어떤 일이나 행동을 청함.
* **매정하다** : 얄미울 정도로 쌀쌀맞고 인정이 없다.

당태종의 제안은 무엇일까?

첫째, 당나라가 거란과 말갈을 시켜 요동에 쳐들어가면 고구려가 함부로 신라를 공격하지 못할 것이다. 둘째, 신라가 당나라의 붉은 옷과 붉은 깃발을 사용하면 고구려와 백제가 당나라 군사인 줄 알고 겁을 먹고 도망갈 것이다. 셋째, 여왕을 폐위시키고 대신 자신의 친척을 보내 신라의 왕으로 앉히면 나라가 안정될 것이다.

144 ▶ **당태종(재위 626~649년)** : 당나라 2대 황제. 당나라를 건립하는 데 큰 공을 세움. 황제가 된 후 신하들의 의견을 받아들이고 학문으로 중국 천하를 다스리며 영토를 확장함.

* 조치 : 벌어지는 사태를 잘 살펴서 필요한 대책을 세워 행함.
▶ 선덕여왕(재위 632~647년) : 신라 27대 왕이자 신라 최초의 여왕.

당태종은 고구려에 사신을 보내 신라를 공격하지 말라고 *주의를 주었는데, 연개소문이 거부했어.

고구려에게서 빼앗아 간 땅을 먼저 내놓으시오!

그러자 당나라는 신라와 함께 고구려를 공격했어.

신라와 당나라가 함께 공격하다니!

두 두

645년

지금쯤 연개소문이 꽤나 당황하고 있겠군요!

폐하! 백제군이 *기습하여 일곱 성을 빼앗았습니다!

탁 탁 탁

이런!

김유신 장군에게 막으라고 전하시오!

> 톡톡!
> 역사
>
> 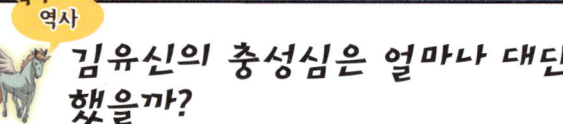 김유신의 충성심은 얼마나 대단했을까?
>
> 김유신은 백제의 일곱 성을 공격하여 승리를 거두고 돌아오는 길에 다시 백제군이 쳐들어오자 바로 전쟁터로 가서 2천 명의 목을 베었다. 김유신은 이 소식을 선덕여왕에게 아뢰고 집으로 돌아가려 하는데, 또다시 백제가 매리포성을 공격해 왔다는 소식이 들렸다. 이에 김유신은 다시 말을 돌려 전쟁터로 향할 만큼 충성심이 대단했다.

* **주의** : 경고나 훈계의 뜻으로 일깨움.
* **기습** : 적이 생각지 않았던 때에 갑자기 들이쳐 공격함.

> 이런 때일수록 황룡사 구층 목탑을 빨리 완성해야 하오.
> 막바지 공사 중입니다.
> 황룡사는 진흥왕 때 세운 신라 최대의 절이지?
> 응, 거기에 구층 목탑을 세우고 있어.

645년

> 정말 거대한 탑이다!
> 무슨 빌딩 같아!
> 이 탑은 약 82m로, 신라를 위협하는 이웃 나라들을 불교의 힘으로 물리치려는 바람이 담겨 있어. 정말 멋있지?

톡톡! 역사
황룡사 구층 목탑에는 무엇이 적혀 있을까?

선덕여왕이 당나라에서 유학을 마치고 돌아온 승려 자장의 건의를 받아들여 만든 것이다. 탑 아래층부터 각각 '왜(일본), 중화(중국), 오월, 탁라(탐라), 응유, 말갈족, 거란, 여적, 예맥'이라는 나라 이름이 표시되어 있었다고 한다. 이는 신라 변방에 있었던 나라들로 신라가 물리치고 싶은 아홉 개의 이웃 나라였다.

> 빨리 탑이 완성되어 여왕님 뜻대로 됐으면 좋겠다.

▶ 응유 : 신라 시대에 백제를 낮춰 부르던 말.
▶ 말갈족 : 6~7세기경 수나라·당나라 시대에 만주 북동부에서 한반도 북부에 살던 민족.

▶ 비담(?~647년) : 신라 귀족. 645년에 상대등이 된 후 647년에 선덕여왕이 정치를 잘하지 못한다는 명분을 내걸고 염종 등과 함께 반란을 일으켰으나 김유신에 의해 진압됨.

▶ **염종(?~647년)** : 647년에 상대등 비담과 더불어 반란을 일으켰으나 김유신이 이끄는 토벌군에게 죽음.

150 　*별똥별 : 유성을 일상적으로 이르는 말.
　　　*징조 : 어떤 일이 생길 기미.

* **혹하다** : 홀딱 반하거나 빠져서 정신을 못 차리다.
* **대책** : 어떤 일에 대처할 계획이나 수단.

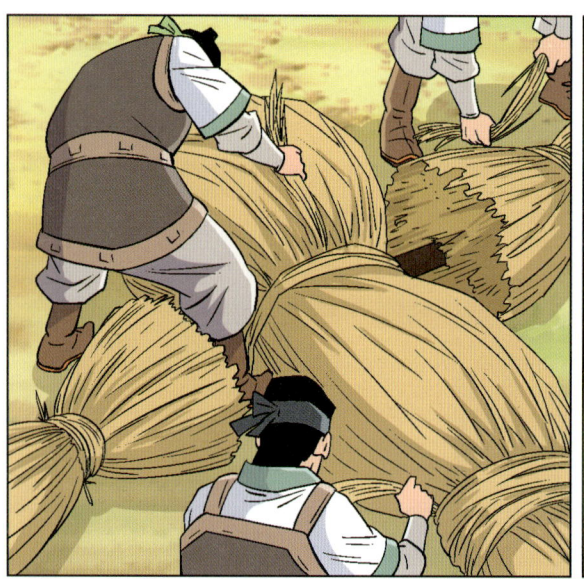

* 연 : 종이에 댓가지를 가로세로 붙여 실을 맨 다음 공중에 높이 날리는 것.
* 완성 : 완전히 다 이룸.

▶ 명활성 : 경상북도 경주시 천군동과 보문동에 걸쳐 있는 삼국 시대의 산성.
* 불리 : 이롭지 아니함.

154 ▶ **진덕여왕(재위 647~654년)** : 신라 28대 왕. 648년에 김춘추를 당나라에 보내 군사 원조를 받았으며, 김유신에게 힘을 실어 주며 삼국 통일의 기초를 닦음.

첨성대의 진짜 역할은 무엇일까?

첨성대는 선덕여왕 때에 세운 **천문 기상 관측대**이다. 높이 약 9.5m로 천문 현상을 관찰해 국가의 *길흉을 점치는 목적에 사용하였으리라 짐작된다. 하지만 **첨성대와 관련된 *문헌이 없어 용도에 대한 다양한 의견**이 있다.

* 길흉 : 운이 좋고 나쁨.
* 문헌 : 옛날의 문물을 아는데 증거가 되는 자료.

한국사 핵심 노트

7세기 신라 역사를 정리해 보자.

🟢 통일의 기반을 닦은 선덕여왕의 업적

1) 신라 최초의 여왕 즉위
진평왕이 사망한 이후 성골 중 진평왕의 딸인 덕만이 왕의 자리에 오르게 된다. 이는 당시 '성골'이라는 왕족 의식이 강하였음을 보여 주는 것이다.

2) 삼국 간 치열해지는 전쟁
백제와 고구려의 신라에 대한 공세가 심해졌으며, 백제의 공격을 방어하는 요충지였던 대야성이 함락되면서 신라는 위기에 빠진다. 이에 당나라와의 외교를 추진하였다.

3) 호국불교의 발전
분황사와 세계 최초의 천문대인 첨성대, 황룡사 구층 목탑을 건립했다. 황룡사 구층 목탑의 각 층은 신라를 위협하던 주변 국가와 민족을 의미하며, 구층 목탑 건립을 통해 부처님의 힘으로 주변 세력을 제압하고자 하였다.

4) 신 귀족 세력의 성장
신하들에 의해 쫓겨난 진지왕의 후손인 김춘추와 신라가 정복한 금관가야 왕실의 후손인 김유신이 연합하여 새로운 세력을 형성하였다. 김춘추와 김유신을 중심으로 한 신 귀족 세력은 삼국 간 전쟁과 외교 분야에서 활약하며 성장하였다.

김유신에게 군사 분야를 김춘추에게 외교 분야를 맡긴 덕분에 삼국 통일의 기반을 닦을 수 있었지.

▲ 선덕여왕릉

▲ 첨성대

🟢 신라에서 불교가 가진 의미와 역할

1) 신라 왕들의 이름과 불교

법흥왕 때부터 진덕여왕 때까지 왕명을 불교식으로 정하였다. 대개 법흥왕의 '법'을 법률로 오해하는 경우가 많은데 사실은 불법, 즉 부처님의 말씀과 진리를 의미한다. 따라서 법흥왕은 '불법을 처음 일으킨 왕'이라는 뜻이다. 진평왕의 경우 본인의 이름을 석가의 아버지와 같은 '백정'이라 하였으며, 왕비의 이름은 석가의 어머니인 마야부인에서 따온 것이다.

2) 신라인들의 확고한 불교 신앙

'불국토 사상'은 신라가 곧 부처가 사는 이상적인 나라임을 의미한다. 이 사상은 신라인들이 더욱 열심히 불교를 믿게 하였을 뿐 아니라 나라에 대한 자부심을 느끼게 하였다. 〈삼국유사〉에 따르면 신라의 수도에는 과거 부처가 불교의 진리를 밝힌 일곱 곳의 장소가 있었고, 미래에 성스러운 왕이 나와 이곳에서 불교를 크게 일으키게 될 것이라고 나와 있다.

▲ 분황사 모전석탑
'불국토 사상'에 따르면, 부처가 불교의 진리를 밝힌 일곱 곳의 장소 중 한 곳이라고 전해진다.

황룡사 구층 목탑 모형 ▶
643년, 선덕여왕 때 승려 자장의 건의로 만들었다.

세계사 핵심 노트

7세기 말경 세계사를 살펴보자.

⬠ 중국 역사상 유일한 여성 황제

1) 중국에서 '황제'의 의미

고대 중국에서는 통치자를 '황제'라고 불렀다. 이 호칭은 분열된 중국을 최초로 통일한 진나라의 시황제가 쓰기 시작했다. 중국에서 황제는 단순히 나라를 다스리는 군주만을 의미하는 것은 아니다. 황제는 천하, 즉 하늘 아래 모든 땅과 사람들을 하나로 지배하는 유일한 권력이자 절대적인 존재로 여겨졌다.

2) 여성 황제가 된 측천무후(재위 690~705년)

측천무후는 당나라 태종과 그의 아들인 고종의 후궁이 된 우여곡절을 겪은 인물이었다. 그녀는 고종의 총애를 받아 권력을 장악하였고, 자기 아들들을 황제의 자리에서 내쫓아 버리는 비정한 모습을 보여 주기도 하였다. 결국 690년에 나라 이름을 '주'로 바꾸고 스스로 황제가 되어 705년까지 중국을 직접 통치하였다. 하지만 705년에 측천무후가 병으로 중종에게 *양위를 하면서 당나라가 부활하였다.

▲ 측천무후

중국의 유일한 여성 황제라니 대단하다!

측천무후가 누군지 아느냐?

네~ *공포 정치를 한 잔인한 여성 황제입니다.

하지만 과거 제도를 정비하고 불교를 숭상하며 문인을 우대했습니다.

* 양위 : 임금의 자리를 물려줌.
* 공포 정치 : 정권을 유지 획득하기 위해 대중에게 공포감을 주는 정치.

3) 측천무후에 대한 엇갈린 평가

측천무후를 두고 후대 사람들은 다양한 평가를 내놓고 있다. 예전에는 여성이 정치를 하여 나라가 혼란하였다는 평가가 주를 이루었다. 그러나 최근에는 당시의 중국이 상당히 안정적이었다는 점에서 긍정적인 평가를 받기도 한다.

측천무후는 "업적이 너무 많으므로 다 기록할 수 없으니 비석에 아무 것도 새기지 말라."고 했대.

▲측천무후를 기린 무자비

4) 당나라의 위상을 확인할 수 있는 건릉

건릉은 당나라 고종과 측천무후의 합장묘로, 이곳에는 61개국 외국 사신들의 석상도 있다. 당시 신라와 당나라의 활발한 교류로 신라 사신 석상이 있을 것으로 추정되고 있다. 684년에 쌓아서 만들었는데, 당나라의 능묘 중 유일하게 도굴되지 않은 왕릉이다. 본래의 성벽과 지상에 세워졌던 건축물은 현존하지 않는다.

▲건릉 앞 외교 사절 비석

▲건릉

외국 사신들은 고종의 무덤 앞에 있는 자신들의 석상이 수치스러워서 몰래 목을 잘랐다고 해.

▶ 김춘추(재위 654~661년) : 신라 29대 왕인 태종 무열왕.
▶ 김문왕(?~665년) : 태종 무열왕의 아들, 문무왕의 동생.

* 포로 : 사로잡은 적.
* 은혜 : 고맙게 베풀어 주는 신세나 혜택.

톡톡! 역사
김춘추는 왜 당나라에 군사 요청을 하러 갔을까?

의자왕이 즉위한 초기의 백제는 적극적인 정복 활동을 벌이며 신라에 대한 공격을 멈추지 않았다. 김춘추는 이 같은 상황에서 **고구려까지 공격해 온다면 나라가 무너지겠다는 위기감을 느끼고 당나라 태종에게 도움을 요청하러 간 것이다.**

▶ 당나라 태종(재위 626~649년) : 중국 당나라 2대 황제로 당나라의 기초를 닦음. 김춘추가 당나라에 군사 원조를 요청하자 신라를 지원함.

▶ 진덕여왕(재위 647~654년) : 신라 28대 왕. 선덕여왕의 뒤를 이어 왕위에 오름.
▶ 진골 : 신라 시대 골품의 하나로 둘째 등급임.

▶ **화백 회의** : 신라 때 나라의 중대사를 의논하던 회의 제도로 의사 결정 방법은 만장일치제임.
* **자신만만하다** : 매우 자신이 있다.

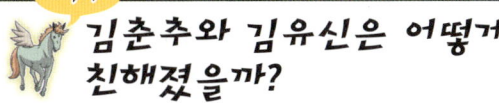

김춘추와 김유신은 어떻게 친해졌을까?

두 사람은 정치적으로 불리한 입장이라는 비슷한 고민이 있어 가까워졌다. 김유신은 가야 출신이라는 한계가 있었고, 김춘추는 진골이라 왕위를 물려받을 가능성이 없었던 것이다. 이들은 김춘추가 김유신의 동생과 결혼하고, 김유신이 김춘추의 셋째 딸을 아내로 맞이하는 혼인 관계로 더욱 가까운 사이가 되었다. 김춘추와 김유신의 결합은 삼국 통일을 이루는 데 결정적인 역할을 했다.

▶ 덕물도 : 오늘날의 경기도 남양만 덕적도.
▶ 상대등 : 신라 때 나라의 정권을 맡았던 으뜸 벼슬.

의자왕은 나·당연합군이 공격해 올 때 어떻게 대응했을까?

의자왕은 귀양을 가 있는 흥수에게 사신을 보내 나·당연합군에 대한 대책을 물었다. 흥수는 사비성으로 가는 길목에 있는 백강을 지키고 탄현을 막으라고 했다. 그곳은 한 사람이 만 명을 감당할 수 있는 군사적 요충지였기 때문이다. 그러나 이 조언을 들은 백제 신하들은 죄인의 말을 믿을 수 없다며 반대했다. 그 사이 당나라군은 이미 백강으로 들어오고, 신라군은 탄현을 넘어 황산벌로 들어왔다.

▲ 백제 군사 박물관의 백제군 모형

166 ▶ 계백(?~660년) : 백제 말기의 장군. 황산벌 싸움에서 용감히 싸우다가 죽음.
* 결사대 : 죽기를 각오하고 있는 힘을 다할 것을 결심한 사람으로 이루어진 부대나 무리.

* **사기** : 의욕이나 자신감 따위로 충만하여 굽힐 줄 모르는 기세.
▶ **반굴(?~660년)** : 신라 화랑. 황산벌 싸움에서 죽음. 관창과 함께 신라군의 사기를 높임.

168
* 으뜸 : 많은 것 가운데 가장 뛰어나거나 첫째가는 것.
* 애송이 : 애티가 나는 사람이나 물건.

* 적진 : 적이 모여 있는 진지나 진영.
* 이랴 : 소나 말을 몰 때 내는 소리.

* 장정 : 국가의 일이나 군대에 부름을 받은 남자.
* 기필코 : 틀림없이 꼭.

* 안장 : 말, 나귀 따위의 등에 얹어서 사람이 타기에 편리하도록 만든 도구.
* 진영 : 군대가 진을 치고 있는 곳.

* 장하다 : 마음이 흐뭇하고 자랑스럽다.
* 패배 : 겨루어서 짐.

▶ **사비성** : 538년 백제 성왕 때 국호를 남부여로 고치면서 웅진에서 옮긴 백제의 수도. 현재 충청남도 부여군.

174 * 함락 : 적의 성, 요새, 진지 따위를 공격하여 무너뜨림.
▶ 나·당연합군 : 신라와 당나라의 연합군. 신라는 당나라군의 힘을 빌려 삼국을 통일함.

▶ 상대등 : 신라 때 나라의 정권을 맡았던 으뜸 벼슬.
* 대업 : 꿈이나 큰 일.

▶ **평양성** : 평양의 주변을 둘러싼 성곽. 고구려 때 수도 평양을 방어하기 위하여 쌓음.
* **연세** : 나이를 높여 부르는 말.

* **충성** : 진정에서 우러나오는 정성. 특히, 임금이나 국가에 대한 것.
▶ **임전무퇴** : 臨戰無退. 세속오계의 하나로 전쟁에 나아가서 물러서지 않음을 이름.

* **꿈꾸다** : 속으로 어떤 일이 이루어지기를 은근히 바라거나 뜻을 세우다.
* **성장** : 사물의 규모나 세력 따위가 점점 커짐.

▶ **통일신라** : 삼국을 통일한 이후의 신라.

5권에 계속됩니다.

한국사 핵심 노트

7세기 말경 신라의 삼국 통일 과정을 정리해 보자.

⬠ 김춘추와 김유신의 꿈, 삼국 통일

1) 신라와 당나라의 연합 결성

백제에서 의자왕이 즉위한 후 신라에 대한 공격이 늘어났고, 신라는 대야성을 빼앗겼다. 이에 김춘추는 고구려에 군사 지원을 요청하였으나 거절 당하였다. 비슷한 시기에 당나라는 고구려 원정을 시도하였으나 패배한다. 이에 김춘추가 당으로 건너가 동맹을 추진하였고, 648년에 나·당연합을 결성하게 되었다. 신라는 당의 연호를 사용하고, 관리의 복색을 중국식으로 바꾸는 등 적극적인 친당 정책을 폈다.

2) 통일 전쟁의 시작

백제는 의자왕이 사치에 빠지면서 점차 국력이 약해졌다. 이때 신라(김유신)는 육로로, 당나라(소정방)는 바닷길로 백제를 공격하였다. 신라가 황산벌 전투에서 백제에 승리를 거두었고, 곧이어 사비성이 함락되면서 660년에 백제가 멸망하였다. 이후 나·당 연합군이 고구려를 공격하고, 평양성이 함락되면서 668년에 고구려가 멸망하였다.

▲ 나·당연합군의 이동 경로

3) 김춘추와 김유신의 남다른 우정

김춘추는 진골로서 왕위와는 거리가 멀었고, 김유신은 금관가야의 후손으로 중앙 귀족들에게 무시를 받았다. 이러한 비슷한 처지로 인해 두 사람은 친해졌고, 김유신의 누이가 김춘추와 혼인을 하기에 이른다. 이후 김춘추가 왕이 되는데 김유신이 적극적으로 지원하면서 삼국 통일의 기반을 닦을 수 있었다.

🟢 신라의 청소년 수련 단체, 화랑도

1) 신라를 이끈 유명한 화랑들

황산벌 싸움으로 유명한 관창뿐만 아니라 대가야 정벌 때 맹활약하였던 사다함, 향가 '모죽지랑가'의 주인공인 죽지랑, 신라 삼국 통일의 핵심이었던 김유신 또한 화랑 출신이다. 이처럼 신라는 화랑 출신의 뛰어난 인재들의 활약 덕분에 국력을 키울 수 있었고, 삼국 통일을 달성할 수 있었다.

2) 화랑도와 화랑의 정신

화랑도는 청소년 수련 단체를 말한다. 그 우두머리를 '화랑'이라 하는데, 왕족이나 고위 귀족의 자제 중에서 선발하였다. 또한, 그 밑에 모인 무리를 '낭도'라고 하였다. 신라는 삼국 경쟁이 치열해지는 시기에 화랑을 통해 유능한 군인들을 양성할 수 있었을 뿐 아니라 국가를 이끌어 나갈 인재를 양성할 수 있었다. 신라 사회에서 화랑에게 기대하는 모습은 '세속오계'를 통해 확인할 수 있다. '세속오계'는 원광 법사가 제시한 다섯 가지 계율이다.

사군이충
事 일 사, 君 임금 군,
以 써 이, 忠 충성 충

사친이효
事 일 사, 親 친할 친,
以 써 이, 孝 효도 효

교우이신
交 사귈 교, 友 벗 우,
以 써 이, 信 믿을 신

임전무퇴
臨 임할 임, 戰 싸움 전,
無 없을 무, 退 물러날 퇴

살생유택
殺 죽일 살, 生 날 생,
有 있을 유, 擇 가릴 택

▲임신서기석
충성을 맹세하는 내용을 새긴 비석.

세계사 핵심 노트

7세기 신라가 발전할 무렵 일본의 역사를 함께 살펴보자.

⬠ 일본을 업그레이드한 쇼토쿠 태자

1) 일본에서 쇼토쿠 태자의 위상

쇼토쿠 태자는 일본에 불교를 퍼뜨리고 중앙집권화를 완성한 인물이지만, 622년에 스이코 천황보다 일찍 죽게 되어 천황이 되지는 못했다. 쇼토쿠 태자는 불교를 적극 장려하여 왕권을 강화하였다. 이에 고구려 출신의 혜자 스님을 스승으로 삼고, 일본 최초의 절인 법흥사(현재는 비조사)를 세우기도 했다.

1980년대까지 1만 엔권 지폐에 내 초상이 그려져 있었지.

대단하옵니다.

▲ 쇼토쿠 태자(가운데)

2) 쇼토쿠 태자(574~622년)의 일생

쇼토쿠 태자는 6세기 후반 요메이 천황의 둘째 아들로 태어났다. 592년 실권을 가지고 있던 소가노 우마코는 29대 천황의 딸인 스이코를 33대 천황으로 세우고, 조카인 쇼토쿠 태자로 하여금 정치를 돕게 하였다.

스이코 천황은 일본 최초의 여성 천황으로 불교를 숭상하는 소가노 집안 출신이었어.

▲ 일본 비조사에 있는 쇼토쿠 태자상

3) 쇼토쿠 태자의 업적

603년에 쇼토쿠 태자는 개인의 재능과 공적에 따라 지위를 정하고 그 상징으로 관을 수여하는 '관위 12계'를 실시하였다. 또한 호족들에게 내리는 정치적·도덕적 훈계 형식을 띤 강령인 '17조 헌법'을 반포하였다. 이처럼 관위 12계와 17조 헌법은 호족을 관료로 조직화하여 왕을 정점으로 하는 국가 체제를 정비하고자 만들어졌다. 직접 중국과 교류하기 위해 600년부터 614년에 네 차례에 걸쳐 '견수사'라는 이름의 사신을 수나라에 파견하기도 하였다.

▲관위 12계 위계 표시
호족의 서열 세습을 막고 인재를 등용하기 위해 제정되었다. 검정색, 흰색, 노랑, 빨강, 파랑, 보라로 갈수록 위계가 높아진다. 그리고, 각 색마다 두 가지의 위계로 나누어진다.

4) 아스카 문화

7세기 전반에 불교 미술이 눈부시게 발전했던 아스카 시대의 문화인 아스카 문화는 백제로부터 많은 제도, 문물을 받아들였다. 따라서 아스카 문화는 일본 최초의 불교 문화이며 유교, 도교 등 여러 사상과 학문, 문화가 다양하게 나타나는 특징이 있다. 아스카 문화를 이끈 쇼토쿠 태자는 불교를 적극적으로 장려하여 중앙집권체제를 구축하려는 데 활용하였다.

▲호류사
601~607년에 쇼토쿠 태자가 세운 것으로 현존하는 일본 최고의 목조 건물이다.

▲호류사 금당벽화 모사도
610년 고구려의 담징이 그린 것이다.

도전! 역사 퀴즈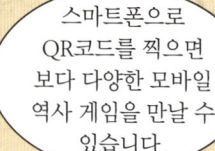

1번 🖉 10쪽, 29쪽, 64쪽, 81쪽, 128쪽을 참고하세요.

Q. 아라가 가로세로 퍼즐을 푸는데 어려움을 겪고 있어요. 아라를 도와 퍼즐을 풀어 보세요.

① 이		돈			
사					
②		관			④
		③		품	제
				상	

🔑 가로 열쇠
① 법흥왕 때 ○○○의 순교를 계기로 불교를 공인하게 되었다.
② 법흥왕 때 정복한 가야 지역의 명칭은 ○○가야이다. 신라 시대 고분에서는 화려한 ○○이 많이 발견되기도 하였다.
③ ○○○는 신라 지배층의 신분 제도로 크게 '골' 신분과 '두품' 신분으로 나뉘었다.

🔑 세로 열쇠
① 왕을 부르는 신라의 고유한 호칭 중 ○○○은 왕위를 정하기 위해 떡에 찍힌 이빨의 개수를 세었다는 이야기와 관련이 있으며, 연장자를 의미한다.
④ ○○○은 신라 눌지 마립간 시기의 충신으로, 눌지 마립간의 동생들을 귀국시켜 신라가 고구려, 왜 등의 간섭에서 자유로워지는 데 큰 역할을 하였다.

2번 57쪽, 61쪽, 103쪽, 131쪽, 155쪽을 참고하세요.

Q. 누리와 함께 가로세로 퍼즐을 풀어 보세요.

				⑤
		①	성	대
	④			등
②		산	국	
		성		
		③	립	

아라가 다 풀었네. 대단해!

가로 열쇠
① 신라의 대표적인 천체 관측 유적인 ○○○는 선덕여왕 때 세워졌다.
② 지증왕 때 이사부는 나무 사자로 위협하여, 오늘날의 울릉도인 ○○○을 정복하는 데 성공하였다.
③ 왕을 부르는 신라의 고유한 호칭 중 ○○○은 '대군장'을 의미하며, 지증왕이 중국식 호칭인 '왕'을 사용하기 전까지 쓰였다.

세로 열쇠
④ 진흥왕 때 ○○○에서 백제와의 전쟁을 승리한 신라군은 한강 유역의 지배를 공고히 했다.
⑤ 법흥왕 때 처음 만들어진 ○○○은 신라의 최고 관직이자 신라 귀족의 대표로서 화백 회의를 주재하였다.

도전! 역사 퀴즈

3번 10쪽을 참고하세요.

Q. 다음 대화의 주인공에 해당하는 임금은 누구일까요?   답 (   )

갑 : 임금께서 이제 '마립간'이라 부르라 하셨단 이야기 들었나?
을 : 그런가? 난 '이사금'도 좋던데. 그런데 자넨 그게 무슨 뜻인지 아나?
갑 : '마립간'은 최고 우두머리라는 뜻인데, 그게 우리 임금께 더 잘 어울리지!
을 : 그렇지, 그렇고말고.

▲마립간

① 내물   ② 실성   ③ 눌지   ④ 복호

4번 29쪽, 44쪽을 참고하세요.

Q. 신라 눌지 마립간이 충신 박제상이 죽은 다음 해에 상을 주기로 했어요. 상장의 내용으로 가장 적절한 것은 무엇일까요?   답 (   )

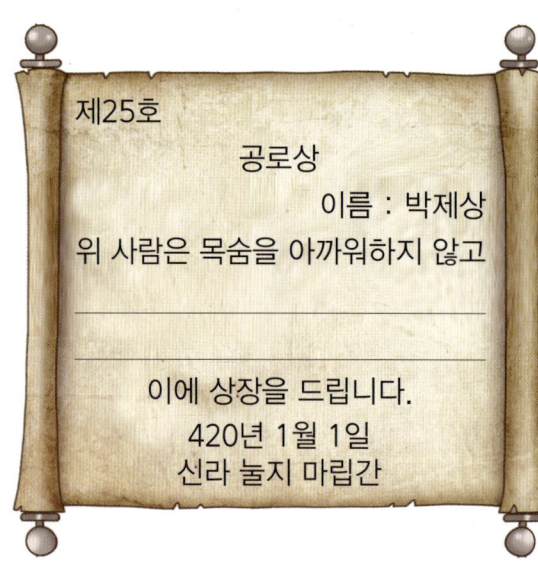

제25호
공로상
이름 : 박제상
위 사람은 목숨을 아까워하지 않고
_____
_____
이에 상장을 드립니다.
420년 1월 1일
신라 눌지 마립간

① 일본에 불교를 전파하기 위해 노력하였으므로,
② 고구려와의 전쟁에서 맹활약하여 영토를 넓혔으므로,
③ 중국으로 건너가 우리나라 문화의 위대함을 알렸으므로,
④ 마립간의 동생들을 구출하여 신라의 자주성을 되찾았으므로,

5번 48쪽, 81쪽, 195쪽을 참고하세요.

Q. 누리와 아라가 신라 역사 공부를 위해 박물관에 갔어요. 박물관 전시 소책자에 들어갈 사진 자료로 적당하지 <u>않은</u> 것은 무엇일까요?

답 (　　　)

신라, 화려함과 경건함을 넘나들다!

장소 : 국립ㅇㅇ박물관

기간 : 20XX. XX. XX. ~ 20XX. XX. XX.

이번 전시는 신라 유물의 화려함과 신라 불교의 경건함을 확인시켜 주는 전시입니다.

대표 유물			

①
▲ 천마총 금관

②
▲ 칠지도

③
▲ 이차돈 순교비

④
▲ 황남대총 남분 은관

도전! 역사 퀴즈

6번

Q. 삼국 시대 옛 도읍지로 수학여행을 온 학생들의 대화예요. 다음 대화가 이루어지는 장소는 어디일까요? 답 (   )

다른 나라의 무덤들보다 규모도 크고 웅장하다. 난 처음에 언덕인 줄 알았어!

그러게 말이야. 도굴도 어려워서 금관이나 천마도 같은 유물이 많이 나왔대.

① 서울　　② 경주　　③ 부여　　④ 공주

7번 80쪽을 참고하세요.

Q. 다음은 신라 시대를 배경으로 한 가상의 뉴스예요. 빈칸에 들어갈 알맞은 말은 무엇일까요? 답 (   )

이차돈 사망!

속보입니다. 조금 전 처형된 하급 관리인 이차돈의 목에서 흰 젖이 솟구쳤다고 합니다. 이 신비한 일이 전해지자 전문가들은 _____의 가능성이 더욱 높아졌다 전망하고 있습니다. 서라벌 뉴스 속보였습니다. 감사합니다.

① 율령 반포
② 국왕 교체
③ 불교 공인
④ 백제와의 전쟁

8번 125쪽, 172쪽을 참고하세요.

Q. 두 학생이 이야기를 나누고 있어요. 누구에 대한 이야기일까요?

답 (　　)

신라가 삼국을 통일할 수 있었던 건 역시 이분의 공이 크지. 황산벌 전투에서도 매우 용맹하셨더라고.

맞아. 용화향도를 이끌던 화랑 시절부터 뛰어나시던데.

① 김무력　② 김춘추　③ 김유신　④ 선덕여왕

9번 133쪽을 참고하세요.

Q. 경주에서 관광객 유치를 위해 만든 광고예요. 광고에서 홍보하고자 하는 절은 어디일까요?

답 (　　)

① 황룡사
② 부석사
③ 불국사
④ 분황사

서울 ☀
인천 ☀

천재일보

향기로운 임금의 절, ○○○

선덕여왕의 향기가 스며들어 있는 절입니다. 현존하는 신라 석탑 중 가장 오래된 탑의 아름다움을 확인해 보세요. 벽돌을 쌓아올린 듯한 독특한 양식이 우리의 마음을 사로잡습니다.

도전! 역사 퀴즈

10~11번 보기

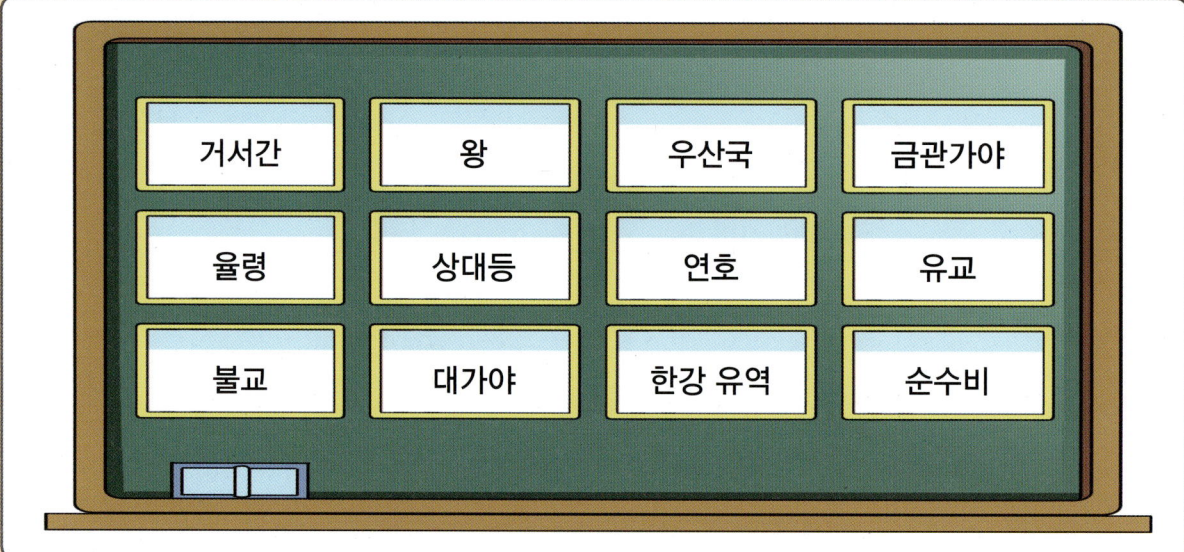

거서간 | 왕 | 우산국 | 금관가야
율령 | 상대등 | 연호 | 유교
불교 | 대가야 | 한강 유역 | 순수비

10번
57쪽, 61쪽을 참고하세요.

Q. 지증왕의 업적을 칠판에서 골라 보세요.

- 칭호 변경 : 마립간 → ㉠_____
- 지방 통제력 강화 : 행정구역 개편(주·군제도 실시)
- ㉡_____ (울릉도) 정벌

11번
63쪽, 64쪽, 80쪽, 86쪽을 참고하세요.

Q. 법흥왕의 업적을 칠판에서 골라 보세요.

- 중앙집권체제 완성 : 병부 설치, ㉠_____ 반포, 공복 제정, 골품제 정비, 상대등 신설
- 독자적 ㉡_____ 사용 : '건원(建元)'
- 영토 확장 : ㉢_____ 정복
- ㉣_____ 공인 : 정신적 통일 추구, 왕권 강화

12번 ✏️ 112쪽, 118쪽을 참고하세요.

Q. 다음 〈보기〉의 비석들이 세워진 위치를 지도에서 찾아 이름을 써넣어 보세오.

보기
▲ 북한산비   ▲ 황초령비   ▲ 창녕비   ▲ 마운령비

오늘날까지 전해지는 진흥왕 순수비는 총 4개로, 이를 통해 진흥왕 때 신라의 영토 확장을 확인할 수 있어.

도전! 역사 퀴즈

13번 ✏️ 147쪽을 참고하세요.

Q. 다음은 황룡사 구층 목탑의 모형을 보고 나눈 대화예요. 빈칸에 들어갈 적절한 답은 무엇일까요?   답 (   )

① 국왕의 장수를 빌기 위해 만들었대.
② 매해 풍년이 끊이지 않길 빌기 위해 만들었대.
③ 불교의 힘을 얻어 나라를 지키기 위해 만들었대.
④ 많은 승려들이 신라에 유학 오도록 하기 위해 만들었대.

14번 ✏️ 95쪽, 154쪽, 162쪽, 175쪽을 참고하세요.

Q. 다음은 휴대전화로 주고받은 대화 내용이에요. 옳은 답변을 한 사람을 두 명 고르세요.   답 (,   )

① 아라
② 누리
③ 김유신
④ 진흥왕

15번
📝 87쪽, 128쪽을 참고하세요.

신라 역사를 이해했다면 이 정도야 쉽겠지.

Q. 다음 가상의 대화 중에서 역사적 사실과 <u>틀린</u> 내용은 무엇일까요?

답 (   )

① 원래 왕위는 우리 성골이 이어 가는 것이었지.

② 우리는 최고 관등까지 올라갈 수 있었어. 장관이나 장군도 우리 차지였지.

③ 골품에 따라 일상생활에도 큰 제약이 있었어. 난 5두품이다 보니 큰 집은 짓질 못한다네.

④ 6두품 중에서 능력이 출중한 사람들은 진골이 되기도 했어. 나도 노력해야지!

16번
📝 122쪽, 170쪽을 참고하세요.

Q. 다음 두 사람의 가상의 대화를 보고, 그들이 공통으로 속해 있던 단체의 이름을 쓰세요.

답 (   )

선배님을 직접 뵐 수 있어 영광입니다. 삼국 통일을 위해 중요한 역할을 하신 영웅담은 후배들의 모범이 되었습니다.

나도 자네를 잘 알지. 황산벌 전투에서 혼자 백제군에 돌진했던 자네의 모습은 '임전무퇴'의 모범이지!

관창   김유신

QR 박물관

스마트폰으로 QR코드를 찍어 보면 해당 기관의 문화재 정보로 연결됩니다!

북한산 신라 진흥왕 순수비 (북한산비)

신라 24대 왕인 진흥왕이 영토를 한강 유역까지 확장한 것을 알리고 기념하기 위해 북한산에 세운 비이다. 진흥왕은 새로 확보한 영토를 돌아보며 여러 곳에 비를 세웠는데, 북한산 신라 진흥왕 순수비 역시 그 가운데 하나이다. 순수비는 임금이 돌아본 곳을 기념하여 세운 비석으로, 순수는 왕이 자기 영토를 둘러보는 것을 말한다. 사적 제228호.
- 소장지 : 서울 용산구 서빙고로 137 국립중앙박물관

▲북한산 신라 진흥왕 순수비 ⓒ 문화재청

경주 분황사 모전석탑

선덕여왕 시대인 634년에 분황사의 창건과 함께 건립된 것으로 추정되고 있다. 현재 남아 있는 신라의 석탑 중 가장 오래된 것으로, 돌을 벽돌 모양으로 다듬어 쌓았다. 원래 9층이었다는 기록이 있으나 지금은 3층만 남아 있다. 국보 제30호.
- 소재지 : 경북 경주시 분황로 94-11 분황사

▲경주 분황사 모전석탑 ⓒ 문화재청

첨성대

선덕여왕 때 세운 것으로 추정된다. 첨성대는 월성과 계림 근처 사방이 확 트인 곳에 우뚝 서 있다. 높이는 9.17m로 우물이나 호리병처럼 생긴 특이한 모습이다. 화강암을 일정한 크기로 잘라 지그재그로 쌓아 올린 것으로, 꼭대기에는 '우물 정(井)'자 모양으로 긴 화강암이 2단으로 쌓여 있다. 일반적으로 첨성대는 별을 관측했던 장소로 알려져 있지만 아직까지 용도가 명확하게 밝혀진 자료는 없다. 국보 제31호.
- 소재지 : 경북 경주시 인왕동 839-1번지

▲첨성대 ⓒ 문화재청

▲천마총 금관 ⓒ 문화재청

천마총 금관

신라 천마총에서 나온 금관이다. 이 금관은 높이 32.5cm의 전형적인 신라 금관으로 묻힌 사람이 쓴 채로 발견되었다. 머리 위에 두르는 넓은 띠 앞면 위에는 山 자형 모양이 3줄, 뒷면에는 사슴뿔 모양이 2줄로 있는 형태이다. 앞쪽에는 가는 고리에 전선 모양의 꾸미개와 펜촉 모양의 드리개를 매달았다. 국보 제188호.
* 소장지 : 경북 경주시 일정로 186 국립경주박물관

▲금동미륵보살반가사유상 ⓒ 문화재청

금동미륵보살반가사유상

크기가 93.5cm로 금동으로 만든 반가사유상 중에서 가장 크다. 반가사유상은 한쪽 다리를 무릎에 얹고 생각에 잠겨 있는 미륵보살을 뜻한다. 미륵보살반가상은 얼굴이 동그스름하고 눈초리가 약간 올라갔으며, 입가에는 신비로운 미소를 띠고 있다. 출토지가 정확하지 않은데, 신라에서 만든 것이라는 주장이 설득력을 얻고 있다. 국보 제83호.
* 소장지 : 서울 용산구 서빙고로 137 국립중앙박물관

▲임신서기석 ⓒ 문화재청

임신서기석

경상북도 경주시 금장리 석장사 터 부근에서 발견되었다. 비석의 첫머리에 '임신(壬申)'이라고 새겨져 있고, 내용 중에 충성을 서약하는 글귀가 자주 보여 붙여진 이름이다. 비석에는 신라 청소년 두 명이 나라에 충성하고 유교 경전을 열심히 공부할 것을 약속하는 내용이 새겨져 있다. 보물 제1411호.
* 소장지 : 경북 경주시 일정로 186 국립경주박물관

* 본책에서 제공하는 사진 자료의 QR코드 서비스는 표시되어 있는 저작권 이용 조건에 따라 사용하실 수 있습니다.

도전! 역사 퀴즈 정답과 해설

1번 답

①이	차	돈		
사				
②금	관			④박
		③골	품	제
				상

〈가로 열쇠〉
① 이차돈 ② 금관 ③ 골품제

〈세로 열쇠〉
① 이사금 ④ 박제상

2번 답

				⑤상
		①첨	성	대
	④관			등
②우	산	국		
	성			
		③마	립	간

〈가로 열쇠〉
① 첨성대 ② 우산국 ③ 마립간

〈세로 열쇠〉
④ 관산성 ⑤ 상대등

3번 답 ①

마립간은 17대 임금 내물왕 때부터 사용하여 22대 임금 지증왕 4년까지 쓰였다. 마립간 칭호의 사용은 이전 시기보다 신라의 왕권이 성장하였음을 보여 주는 증거이다.

4번 답 ④

박제상은 고구려와 왜에 볼모로 잡혀 있던 눌지 마립간의 동생들을 구출하여, 신라가 주변 국가들의 간섭에서 벗어날 수 있는 발판을 마련하였다.

5번 답 ②

칠지도는 백제 근초고왕 때 만들어진 것으로, 백제와 왜의 관계를 확인할 수 있는 유물이다.

6번 답 ②

신라의 옛 수도인 경주에 있는 고분으로, 무덤의 주인을 확인하기 어려운 경우에는 무덤에서 나온 대표적인 유물을 무덤의 명칭에 쓰기도 한다. 화려한 금관이 발견된 무덤은 금관총으로, 천마도가 발견된 무덤은 천마총으로 불린다.

7번 답 ③

불교 공인은 백성의 정신적인 통일을 꾀하고, 국왕을 중심으로 하는 중앙집권체제를 완성하는 데 중요한 역할을 하였다.

8번 답 ③

김유신은 용화향도를 이끌던 신라의 화랑 출신의 장군으로서 삼국 통일에 중심적인 역할을 하며 큰 공을 세웠다.

9번 답 ④

분황사는 634년인 선덕여왕 3년에 창간된 절이다. '분황'은 '향기로운 임금'이라는 뜻으로 선덕여왕을 의미하는 것으로 보인다.

10번 답 ㉠ 왕 ㉡ 우산국

11번 답 ㉠ 율령 ㉡ 연호 ㉢ 금관가야 ㉣ 불교

도전! 역사 퀴즈 정답과 해설

12번 답 ① 창녕비 ② 북한산비 ③ 황초령비 ④ 마운령비

13번 답 ③

황룡사 구층 목탑은 선덕여왕 때 승려 자장의 건의로 세워졌다. 9층은 주변 9개의 나라를 의미하는 것으로, 부처의 힘을 빌려 이들의 침략을 막아내고 나라의 안정을 가져오고자 했던 신라인들의 염원이 담겨 있다.

14번 답 ①, ③

백제의 멸망은 김춘추가 왕으로 즉위한 태종 무열왕 때의 일이다. 김춘추와 김유신은 평생의 동지로서 신라가 삼국 통일을 이루어내는 데 가장 큰 공을 세웠다.

15번 답 ④

신라의 골품제는 개인의 혈통을 기준으로 그 높고 낮음을 명확히 정해, 사람의 정치적인 출세의 한계를 결정지었다. 6두품은 아무리 능력이 뛰어나더라도 진골 신분으로 상승할 수 없었다.

16번 답 화랑도

관창과 김유신은 모두 신라의 대표적인 화랑이다. '임전무퇴'는 신라 시대 화랑이 지켜야 했던 다섯 가지 계율인 세속오계 중 하나이다.

자료 제공

사진 출처 **45** 망부석·문화재청 **48** 황남대총 북분 금관·문화재청 황남대총 남분 은관·문화재청 **50** 콘스탄티누스 황제·연합뉴스 카타콤·유로크레온 **51** 카롤루스 대제·유로크레온 **81** 이차돈 순교비·국립경주박물관 **86** 이차돈 순교비·국립경주박물관 **88** 단양 적성비·문화재청 **112** 북한산 신라 진흥왕 순수비지(비봉 정상)·문화재청 북한산 신라 진흥왕 순수비·문화재청 **113** 경주 황룡사지·문화재청 **119** 북한산 신라 진흥왕 순수비·문화재청 창녕비·문화재청 단양 적성비·문화재청 황룡사 삼존불상 지대석·문화재청 **120** 석주의 사자상·유로크레온 인도 지폐·유로크레온 인도 국기·위키피디아 **121** 인도 불상·굿이미지 **133** 경주 분황사 모전석탑·문화재청 **156** 선덕여왕릉·문화재청 경주 첨성대·문화재청 **157** 경주 분황사 모전석탑·문화재청 황룡사 구층 목탑 모형·연합뉴스 **159** 건릉 앞 외교사절 비석·유로크레온 **166** 백제 군사 박물관·한국문화관광연구원 **181** 임신서기석·문화재청 **182** 비조사의 쇼토쿠 태자상·연합뉴스 **183** 호류사·게티이미지(멀티비즈) 호류사 금당벽화 모사도·연합뉴스 **187** 천마총 금관·문화재청 이차돈 순교비·국립경주박물관 황남대총 남분 은관·문화재청 **189** 경주 분황사 모전석탑·문화재청 **191** 북한산 신라 진흥왕 순수비·문화재청 황초령비·연합뉴스 창녕비·문화재청 마운령비·연합뉴스 **194** 북한산 신라 진흥왕 순수비·문화재청 경주 분황사 모전석탑·문화재청 경주 첨성대·문화재청 **195** 천마총 금관·문화재청 금동미륵보살반가사유상·문화재청 임신서기석·문화재청 **역사 카드** 북한산 신라 진흥왕 순수비·국립중앙박물관 천마총 금관·문화재청 경주 첨성대·문화재청

이 책에 사용한 모든 자료의 출처를 밝히기 위해 노력하였습니다. 누락되었거나 잘못된 점이 발견되면 바로잡겠습니다.

재미도 지식도 살아 있는 학습만화
LIVE 시리즈

과학 원리가 살아 있는 LIVE 과학
- 최신 과학 원리가 한 권에!
- 통합 교육 과정에 맞춘 교과 연계

• 첨단 과학(전 20권) / 지구 과학(전 10권) / 생명 과학(전 10권) / 기초 물리(전 10권) / 기초 화학(전 10권)
초등 전 학년 | 전 60권 | 각 권 200쪽 | 정가 각 13,000원

역사의 흐름이 살아 있는 LIVE 세계사
- 전문가와 함께 기획한 구성
- 각 나라의 대표 인물을 통해 배우는 생생한 역사

• 초등 전 학년 | 전 20권 | 각 권 200쪽 | 정가 각 13,000원

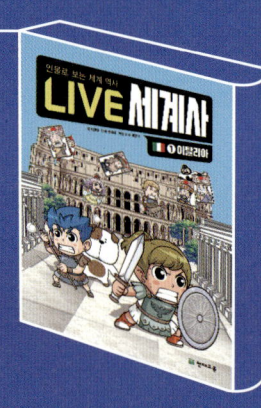

지식과 인물이 살아 있는 LIVE 한국사
- 시대별 인물을 통해 배우는 생생한 역사
- 한국사 능력 시험 직접 연계

• 초등 전 학년 | 전 20권 | 각 권 200쪽 | 정가 각 13,000원

재미를 더해 주는 멀티미디어 학습까지 한번에 즐겨요!